Green Transport
Development Index Report

绿色交通
发展指数报告

绿色交通发展指数报告研究组 / 著

中国环境出版集团 · 北京

图书在版编目（CIP）数据

绿色交通发展指数报告 / 绿色交通发展指数报告研究组著. — 北京 : 中国环境出版集团, 2021.7
ISBN 978-7-5111-4795-0

Ⅰ. ①绿… Ⅱ. ①绿… Ⅲ. ①交通运输业－绿色经济－研究报告－中国 Ⅳ. ①F512.3

中国版本图书馆CIP数据核字(2021)第144317号

出 版 人　武德凯
责任编辑　宋慧敏
责任校对　任　丽
装帧设计　岳　帅

LüSE JIAOTONG FAZHAN
ZHISHU BAOGAO

出版发行　中国环境出版集团
（100062　北京市东城区广渠门内大街16号）
网　　址：http://www.cesp.com.cn
电子邮箱：bjgl@cesp.com.cn
联系电话：010-67112765（编辑管理部）
发行热线：010-67125803，010-67113405（传真）
印装质量热线：010-67113404

印　　刷　北京中献拓方科技发展有限公司
经　　销　各地新华书店
版　　次　2021年7月第1版
印　　次　2021年7月第1次印刷
开　　本　889×1194　1 / 16
印　　张　4.75
字　　数　115千字
定　　价　39.00元

前　言
Foreword

生态文明建设是关系中华民族永续发展的根本大计。党的十八大报告把生态文明建设纳入中国特色社会主义事业“五位一体”总体布局，明确提出努力建设美丽中国。党的十九大报告指出必须树立和践行“绿水青山就是金山银山”的理念，强调要坚持人与自然和谐共生，坚持节约资源和保护环境的基本国策，像对待生命一样对待生态环境，实行最严格的生态环境保护制度，形成绿色发展方式和生活方式。

交通运输行业作为资源密集型行业，是能源消费和温室气体排放的主要行业之一，是生态文明建设的重要领域。未来一段时期是中国从“交通大国”向“交通强国”迈进的重要时期。中国不能重蹈发达国家“先污染、后治理”的覆辙，要按照新时代生态文明建设基本方略，切实推动交通运输生态文明建设和绿色发展，形成节约资源和保护环境的交通运输总体布局、生产方式、运输结构，实现交通运输发展与自然生态的和谐共存，还自然以宁静、让交通更绿色。

本书提出了绿色交通的内涵、特征及影响因素，旨在构建一套适用于评价全国及不同省（自治区、直辖市）绿色交通发展指数的指标体系。

本书由交通运输部科学研究院与中国科学院科技战略咨询研究院总体设计并编撰，先后得到了石宝林、王毅、周晓航、王先进等领导和专家的指导与帮助。在此一并表示衷心的感谢！

鉴于我们的能力和时间所限，书中难免存在不足或缺陷，恳请读者批评、指正！

绿色交通发展指数报告研究组

2021 年 6 月

绿色交通发展指数报告研究组领导小组：

王　毅　　王先进

绿色交通发展指数报告研究组编写组负责人：

郭　杰　　邹乐乐　　张海颖

绿色交通发展指数报告研究组编写组成员：

李忠奎	欧阳斌	王雪成	周亚林	凤振华
曹子龙	喻　洁	张　毅	陈书雪	王　双
毕清华	王婉佼	严义斌	余　静	顾佰和
刘昌新	王宝春	王熤琳	苏田田	陈志阳
张婧嫄	尚文豪	田　园		

目　录
Contents

第一章　引　言 /1

第二章　绿色交通发展指数的重要意义 /2

第三章　绿色交通的定义 /5

第四章　现有的绿色交通发展指标研究的优点和缺点 /12

第五章　指标的选取 /18

一、框架的选择 /18

二、指标选取流程 /19

三、指标选取考虑的因素 /19

四、指标选取过程 /21

五、绿色交通发展指数评价指标体系 /34

第六章　适合我国省级绿色交通发展指数的构建体系和方法 /36

一、我国绿色交通发展指数的构建体系 /36

二、我国绿色交通发展指数体系的标准化处理 /36

第七章　全国省级绿色交通发展水平 /41

一、我国绿色交通发展指数特点 /41

二、2018 年我国绿色交通发展指数的区域特点 /42

三、我国绿色交通发展子指数特点 /46

第八章　主要结论 /68

参考文献 /69

第一章　引　言

绿色发展是当今世界关注的重要问题，绿色发展理念本质上反映了中国当今社会发展的内在要求，为推动形成人与自然和谐发展的新格局提供了现实手段。党的十九大报告进一步对绿色发展提出了新要求、新方向，强调要坚持人与自然和谐共生，指出建设生态文明是中华民族永续发展的千年大计；必须树立和践行“绿水青山就是金山银山”的理念，坚持节约资源和保护环境的基本国策，像对待生命一样对待生态环境，实行最严格的生态环境保护制度，形成绿色发展方式和生活方式。

对交通运输系统而言，绿色交通发展更是一个具有时代性、紧迫性和战略性的课题。交通运输是中国碳排放增长最快的领域之一，交通运输行业的碳排放也是影响中国气候变化的重要因素。未来一段时期是中国从“交通大国”向“交通强国”迈进的重要时期，也是交通运输发展的黄金期。中国不能重蹈发达国家“先污染、后治理”的覆辙，要按照新时代生态文明建设基本方略，切实推动交通运输生态文明建设和绿色发展，形成节约资源和保护环境的交通运输总体布局、生产方式、运输结构，实现交通运输发展与自然生态的和谐共存，还自然以宁静、让交通更美丽。

目前，交通运输行业内并没有对绿色交通的定义达成共识，在地区绿色交通评价方面也没有形成统一的评价体系。因此，本书从省级层面对绿色交通进行评估。本书不仅仅是列出具体的指标体系，更是重点关注如何将指标体系融入绿色交通发展政策的制定过程中，并形成具有风向标作用的绿色交通发展指数，为动态监测各地区绿色交通发展水平、准确查找各地区推进绿色交通发展过程中存在的突出问题、科学引导各地区有针对性地制定发展政策提供依据。

根据以下几个关键问题安排本书的结构：

- 绿色交通发展指数的重要意义

第二章描述交通系统在环境、资源、生态、运输功能等领域面临的挑战，并概述研究绿色交通发展指数的重要意义。

- 绿色交通的定义

第三章基于国内外的前期研究，对绿色交通定义进行多维度的梳理，并总结出绿色交通的定义。

- 现有的绿色交通发展指标研究的优点和缺点

第四章对现有的绿色交通发展指数进行回顾，对指标体系、测度方法、应用领域、适用范围等内容进行总结分析。

- 选取指标

第五章介绍指标选取的方法论和技术选择过程。

- 我国省级绿色交通发展指数的构建体系

第六章提出适合我国省级层面绿色交通发展指数的指标体系，包含指标权重、测算方法等内容。

- 全国省级绿色交通发展水平

第七章基于前文提出的指标体系和方法，测算出近年来我国省级绿色交通发展水平。

第二章　绿色交通发展指数的重要意义

提出绿色交通发展议题主要源于交通运输在发展过程中产生的多方面问题，包括在旅客和货物运输过程中对环境、资源、生态、运输功能等方面的负面影响。在新常态背景下，资源约束趋紧、环境承受力脆弱、生态系统退化的形势十分严峻，特别是环境污染严重，已成为制约人民生活质量提高的重大障碍。专栏 2-1 列出了交通领域面临的主要挑战和问题。

专栏 2-1　交通领域面临的主要挑战和问题

	空气污染
	交通活动会排放多种多样的污染物，包括一氧化碳、氮氧化物、硫氧化物、颗粒物等污染物，是空气污染重要的来源，严重影响了空气质量。有研究表明，每年死于空气污染相关疾病的人数比死于交通意外或疟疾的人数还要多
	气候变化
	交通是温室气体排放的三大来源之一。据测算，交通运输排放二氧化碳量占全国总排放量的 12% 左右，其中货运是最主要的排放源，占交通运输总排放量的 70% 左右。根据 Mead（2017）的预测，在中国，交通部门是唯一在 2030 年前无法实现碳达峰的部门
	能源消费
	中国经济的高速发展使得对能源的需求量也日益增加，尤其是交通部门，对能源资源具有高依赖性，交通部门的能源消费量占总能源消费量的 13% 左右，其中汽油、柴油是主要的能源消费品种，能源的清洁化程度和效率有待提高。2019 年，我国石油对外依存度达 70.8%，给我国能源安全带来了极大的压力
	土地资源
	交通运输用地占已建城镇建设用地的 17.7%，交通运输是第二大的用地部门。随着基础设施的跨越式发展，交通用地将持续增长。随着耕地保护和生态建设力度的加强，我国可用作新增建设用地的土地资源有限，交通发展面临的土地资源矛盾突出。特别是城市内部，土地利用越来越紧张，公路用地也极大地占据了城市生活空间

	交通噪声
	交通噪声对人们的健康和生活质量有着严重的影响。根据《2020 年中国环境噪声污染防治报告》，交通运输噪声是我国城市噪声的主要来源之一。2019 年全国城市昼间道路交通噪声平均值为 66.8 dB（A）。不仅如此，交通干线两侧区域夜间点次达标率也是各类功能区中最低的
	生态的影响
	交通对生态环境的影响是人类对自然生态系统最为广泛的影响之一。在交通基础设施施工、运营过程中，会对土壤环境、农作物、水环境、野生动植物及其栖息地造成严重而且长期的影响
	交通拥堵
	交通拥堵严重影响了道路的通畅性和运行效率。机动车保有量的快速增长、交通流量的持续攀升、道路设计的不妥、道路管理的相对缺失以及公共交通服务和便捷性相对不足，是造成交通拥堵的主要原因

尽管目前国内外也在开展绿色交通、可持续交通评价指标体系的研究，但仍缺少适用于中国省级层面的、可对比的、符合中国绿色交通发展方向和目标的评价体系。而且，大部分省份缺少用于测度绿色交通发展的必要数据。绿色发展指数研究的开展就是为了识别出交通行业在不同领域产生的影响，同时为政策制定提供基础，具体来看主要有以下几个方面的优势和益处。

- 交通运输绿色发展面临问题的识别：如专栏 2-1 所示，交通运输的绿色发展面临着很多的挑战，不同发展阶段、不同资源禀赋的地区面临不同的问题。减少环境污染、缓解拥堵等是经济发达地区的关键问题；对具有生态资源禀赋优势的地区而言，减少交通对生态系统的影响是其面临的主要挑战。具有一致性和可比较性的绿色发展指数可以使政府和社会公众识别该地区在绿色发展过程中面临的主要挑战和问题。

- 绿色交通发展政策目标的制定：绿色交通发展指数研究的开展可为各地区绿色交通发展政策目标的制定提供定量的依据。通过绿色交通发展指数，可以将各地面临的问题、比较优势、与其他省份的差距等方面的可量化、透明化的信息展示给行业政策制定者，从而将绿色交通发展目标明确纳入政策制定中。

- 绿色交通工作方向的引导：绿色交通发展指数研究结果可以引导各地区有的放矢地落实生态文明建设相关工作。绿色交通发展指数是一项综合评价指标，可以利用多个分类指数来比较分析各地区在生态文明建设各个重点领域中取得的成绩和存在的问题，促使各地区巩固和保持具有优势的领域，深入总结、分析研究需要改进和提高的领域，提出有针对性的解决措施并加以落实。通过监控绿色交通发展指数，各地区可以清晰地判断政策的制定是否有助于绿色发展，并动态调整工作方向和计划。

- 推动与高质量发展相适应的统计体系的构建：现有的评价指标体系中反映经济建设方面的指标偏多，反映生态、环境、人与自然和谐发展的指标少，现有统计指标体系难以适应五大发展理念要求。绿色交通发展指数研究的开展可倒逼绿色发展统计基础工作的开展，切实加强绿色交通领域统计和监测人员、设备、科研、信息平台等基础能力建设，进一步提高数据的质量，更好地满足生态文明建设目标评价考核工作的需要，推动生态文明体制改革落到实处。

第三章　绿色交通的定义

在开展进一步的分析研究前，定义绿色交通是重要的第一步。1994 年，Chris Bradshaw 最先提出“绿色交通等级层次”（Green Transportation Hierachy）的概念。绿色交通的理念由此引发了国际诸多关注。事实上，受国际形势和国内环境的影响，学者在不同时期赋予了绿色交通不同的定义，从可持续发展开始，到资源节约和保护环境思想，到响应国际的低碳发展要求，再到党的十八大之后践行绿色发展理念，我国绿色交通的定义也在不断演变和深化，大致历经了可持续交通—“两型”交通—低碳交通—绿色交通的发展过程。

随着可持续发展概念的提出，交通运输领域可持续发展理念初步确立。1992 年，《里约环境与发展宣言》和《21 世纪议程》确立了可持续发展的概念，并将其作为人类社会发展的共同战略。1993 年，John Whitelegg 出版了《可持续未来的交通：欧洲实例》。中国政府于 1994 年 3 月发布了《中国 21 世纪议程——中国 21 世纪人口、环境与发展白皮书》，提出了“在能源、交通、工业、农业、林业、水产业、健康卫生、第三产业等领域开发、引进、推广应用环境无害技术”“采取综合措施控制和降低城市中工业噪声和交通噪声等”“交通运输要限制和控制使用陈旧的交通运输工具，研制和开发耗能少、使用清洁能源的交通运输工具”等交通领域的可持续发展相关内容。可持续交通概念开始进入人们的视野。

20 世纪末以来，资源节约型和环境友好型交通的理念逐步深入人心。随着我国环境污染不断加重，资源成为我国经济可持续发展的制约因素。我国开始积极建设资源节约型和环境友好型交通，制定颁布了《公路水路交通“十一五”发展规划》《资源节约型　环境友好型公路水路交通发展政策》等文件，提出“加快建设资源节约型交通行业，实现交通发展对资源的少用、用好及循环使用，坚持快速发展与可持续发展并重，与环境承载力相协调”。建设资源节约型、环境友好型交通成为本时期的发展重点。

在全球应对气候变化背景下，发展低碳交通成为焦点。随着全球气候变化成为当前人类社会可持续发展面临的重大挑战，应对气候变化国际行动也不断走向深入，寻求以减碳为目的的低碳发展模式已成为全球的共识。为了积极应对气候变化，2007 年，中国颁布了《中国应对气候变化国家方案》，该方案明确了应对气候变化的指导思想、原则。2009 年 9 月，中国在联合国气候变化峰会上作出重要承诺：中国将把应对气候变化纳入经济社会发展规划，争取到 2020 年单位 GDP 二氧化碳排放比 2005 年有显著下降。2015 年，中国向《联合国气候变化框架公约》秘书处提交应对气候变化国家自主贡献文件，承诺二氧化碳排放 2030 年左右达到峰值并争取尽早达峰。交通运输行业也相应开始了发展低碳交通的探索。2011 年，交通运输部先后印发了《建设低碳交通运输体系指导意见》、《建设低碳交通运输体系试点工作方案》和《交通运输“十二五”发展规划》等文件，提出建设低碳交通运输体系的指导思想、基本原则、目标和重点任务。在此期间，中国逐步建立了以低碳为特征的交通发展模式。

党的十八大以来，绿色交通的内涵逐渐丰富。十八大报告正式提出绿色发展和生态文明建设，涵盖了优化国土空间开发格局、促进资源节约、加大自然生态系统和环境保护力度、加强生态文明制度建设等内容。随着生态文明建设和绿色发展的正式提出，绿色交通的内涵也变得更加丰富，绿色交通的学术研究和政策讨论成为热点。2017 年，交通运输部先后印发了《推进交通运输生态文明建设实施方案》《交通运输部关于全面深入推进绿色交通发展的意见》等文件，明确了到 2020 年的绿色交通发展目标和优化交通运输结构、污染防治等重点任务。我国逐步迈入全地域、全领域、全方位、全民行动推进绿色交通发展的新时代。我国绿色交通发展历程如图 3-1 所示。

可持续交通	“两型”交通	低碳交通	绿色交通
1994年3月 《中国21世纪议程——中国21世纪人口、环境与发展白皮书》	2006年9月 《公路水路交通“十一五”发展规划》 2009年2月 《资源节约型 环境友好型公路水路交通发展政策》	2011年2月 《建设低碳交通运输体系指导意见》及《建设低碳交通运输体系试点工作方案》 2011年4月 《交通运输“十二五”发展规划》	2013年5月 《加快推进绿色循环低碳交通运输发展指导意见》 2017年4月 《推进交通运输生态文明建设实施方案》 2017年11月 《交通运输部关于全面深入推进绿色交通发展的意见》

图 3-1 我国绿色交通发展历程

目前，国内外对绿色交通尚未形成统一的定义，政府部门、国际组织、学者从不同侧重点提出了不同的定义。经过梳理，目前绿色交通定义的侧重点主要集中在四个方面：环境维度、资源维度、生态维度和功能维度。具体梳理结果如表 3-1 所示。

表 3-1 绿色交通定义梳理结果

环境维度		
来源	主要内容	侧重点
经济合作与发展组织（OECD）	以安全、经济实用和可被社会接受的方式满足人员和货物流动的需求，并且达到公认的卫生和环境质量目标	强调环境保护，减少空气、水和噪声等污染排放

环境维度		
来源	主要内容	侧重点
维基百科	采用低污染、适合都市环境的运输工具，适应人类居住环境、生态均衡及节能的交通运输系统	强调减少空气污染与酸雨，减少噪声，减少 $PM_{2.5}$ 等
May（2009）	鼓励对环境影响小的运输方式，通过土地利用、基础设施建设、交通管理、运营措施、信息及宣传和促进健康的生活方式来发展城市交通系统	强调减少温室气体排放，节约能源，减少大气污染（NO_x、CO 和 PM_{10}），降低噪声
蒋育红等（2009）	绿色交通是一种以人为本的环保交通，是为了减轻交通拥挤、降低环境污染、以较低的成本来发展低污染的有利于城市环境的多元化城市交通方式	强调减少空气污染（NO_x、CO 和 PM_{10}）
罗巧灵等（2010）	绿色交通是一种降低交通运输带来的温室气体排放量的重要手段	强调减少温室气体排放
黄玖菊等（2012）	绿色交通是一种以缓解交通堵塞、降低环境污染、促进资源合理利用为目的，满足城市环境、经济和社会发展要求的协和式交通运输系统	强调减少温室气体排放，减少大气污染物排放
付丽等（2011）	绿色交通是通达有序、安全舒适、低能耗低污染三方面的完整结合，主要表现为：大力发展公共交通，减少个人机动车辆的使用，尤其是减少高污染车辆的使用；提倡步行、自行车等慢行交通和公共交通；提倡使用清洁燃料和清洁车辆，减少交通污染	强调通过公共交通减少大气污染物排放（NO_x、CO 和 PM_{10}）
李佩瑾等（2019）	绿色交通是减少交通拥堵和环境污染，同时可以促进社会公平的交通系统，具体指的是利用低碳环保的多种城市交通工具及各种交通工具的组合出行方式来建立一个协调的交通系统，完成人们生产和生活的一系列社会和经济活动	强调减少温室气体排放，达到低碳环保的目标
齐红梅（2019）	绿色交通是指在交通运输过程中减少污染排放、节约能源	强调减少温室气体排放，减少大气污染物排放
袁韵等（2020）	绿色交通是指交通对象、工具、网络、环境四个方面实现绿色化	强调交通的绿色化，减少污染排放，包括减少温室气体和大气污染物排放
王静霞（2011）	绿色交通采用低污染运输工具，是“通达、有序、安全、舒适、低能耗、低污染”的统一结合	强调通过交通工具的绿色化，减少大气污染（NO_x、CO 和 PM_{10}）
Bradshaw（1992）	绿色交通体系下绿色交通工具的优先级依次为步行、自行车、公共运输工具、共乘车、单人驾驶自用车	强调通过交通工具绿色化减少大气污染

环境维度		
来源	主要内容	侧重点
《日本运输政策白皮书》	建立一个与全球环境共存的交通运输战略目标，要求交通运输要控制资源消耗，减轻环境负担；要降低尾气和噪声排放，减少空气和环境污染；要采取回收利用和其他方式，强化资源的再生和利用	强调减少环境污染，尤其是空气污染
2014 年，全国交通运输工作会议	加快发展绿色交通，就要以资源环境承载力为基础，在规划、建设、运营、养护等各个环节集约节约利用资源、保护生态环境，建成以低消耗、低排放、低污染、高效能、高效率、高效益为主要特征的绿色交通系统	强调节约资源（土地、水），减少污染（NO_x、CO 和 PM_{10}），减少排放
资源维度		
来源	主要内容	侧重点
世界可持续发展工商理事会（World Business Council for Sustainable Development）	满足个人和社会基本需求，按照人类和生态系统健康发展、公平繁衍的方式发展，并以适度、公平和有效的方式运作，充分利用可再生资源，最大限度地控制排放、减少土地利用和噪声生成	强调充分利用资源，高效地利用能源、土地、水等交通相关资源
殷广涛等（2009）	绿色交通是在充分考虑空间布局的前提下，减少能源消耗和对环境的影响	强调提高交通设施用地效率，充分利用空间资源
刘冬飞（2003）	绿色交通的核心是资源、环境和系统的可扩展性，交通系统内部优化并与外部系统协调共生	强调通过发展公共交通、智慧交通减少对城市空间的侵占，节约能源
王珍珍（2012）	绿色交通是指交通功能、环境影响、资源节约、社会经济适用性四个方面均体现绿色性	强调节约资源（减少能耗），降低环境污染（NO_x、CO 和 PM_{10} 等大气污染）
许添本（2003）	交通系统不只是“生活工具”，也是“生活空间”，与环境、能源消耗、都市空间结构、民众生活形态、社会经济活动等和谐健康发展	强调节约能源消耗
杨晓光等（2009）	绿色交通包含了交通与环境、未来、社会、资源的四种协和，以“平等、协调、有序、平衡、延续”为原则，以“绿色技术、以人为本、政府决心、公众参与”为指导	强调通过发展公共交通、鼓励步行及自行车出行达到对资源的节约（能源、道路）
许云飞等（2013）	绿色交通是一种资源高效、能源清洁、环境友好、生态健康、行为文明和景观美化的交通	强调对能源的高效利用

资源维度		
来源	主要内容	侧重点
美国1991年《多式联运地面运输效率法》、1998年《21世纪运输公平法》	（1）交通与资源和谐，即以最小的代价或最少的资源维持交通的需求；（2）交通与区域和谐，即注重综合交通规划，注重城市空间结构、土地使用等要素的协调；（3）交通与社会和谐，即关注安全、效率、以人为本；（4）交通与环境和谐，即保护环境	强调减少资源的浪费，包括能源、土地、空间
中国《关于全面深入推进绿色交通发展的意见》	建成布局科学、生态友好、清洁低碳、集约高效的绿色交通运输体系。包括：客货运输结构持续优化；先进运输组织方式进一步推广；绿色出行比例显著提升；资源利用效率明显提高；清洁高效运输装备有效应用；污染排放得到有效控制；生态保护取得积极成效	强调高效利用资源，优化结构
徐峰（2019）	绿色交通是在现代社会治理理念、绿色环保理念、人本理念综合下，形成的一种社会公共交通规划、建设理念	强调降低交通能源消耗，减少交通环境污染
生态维度		
来源	主要内容	侧重点
王昭娜等（2017）	绿色交通一方面要完成交通特有功能，另一方面要克服交通负面特性（噪声、占地等）	强调解决由交通带来的噪声污染和减少土地资源的占用
何玉宏（2009）	绿色交通是一种优先采用绿色交通工具，节约资源，不对生态环境产生危害，安全、文明、公平，符合大众化出行要求并与环境、未来、社会、资源和谐的可持续交通系统	强调减少对生态环境的破坏，包括减少大气污染和对土地、水资源的破坏
功能维度		
来源	主要内容	侧重点
王建清（2004）	绿色交通坚持以人为本的原则，适应人居环境发展趋势，旨在建设方便、安全、高效率、低公害、有利于生态和环境保护的，以公共交通为主导的多元化城市交通系统	强调减少城市交通拥堵，减少城市的大气污染和噪声污染
陆化普（2009，2011）	以较小的资源投入、最小的环境代价，最大限度地满足当代城市发展所产生的合理交通需求，并且满足下一代人需求能力的城市综合交通系统	强调减缓交通拥堵，促进交通与土地利用的协调发展，减少大气污染
潘海啸（2010）	绿色交通是指通过公共交通、慢行交通等方式解决由汽车造成的交通问题	强调减缓城市交通拥堵，增加步行和自行车出行比例

功能维度		
来源	主要内容	侧重点
沈添财（2001）	绿色交通的意义在于减低交通拥挤及环境污染，以“适宜技术、以人为本、公众参与”为指导	强调减低城市拥堵，减少由机动车行驶导致的城市大气污染（NO_x、CO 和 PM_{10}）
丁卫东等（2003）	绿色交通是为了减低交通拥挤、降低污染、促进社会公平、节省建设维护费用而发展低污染的、有利于城市环境的多元化城市交通工具来完成经济社会活动的协和交通运输系统	强调通过发展城市公共交通、自行车交通减少城市土地占用，减少能源消耗

绿色发展是关系我国发展全局的五大发展理念之一，国家对绿色发展的解读包含了环境（空气、水、土壤等）的清洁、资源（土地资源、水资源等）的节约高效利用、生态安全和修复等内容。习近平总书记多次在重要场合提及与生态文明和绿色交通相关的论述（如图 3-2 所示）。这些解读为实现绿色交通提供了思想指引和具体行动指南。在下文中，我们重点就环境、资源、生态及交通功能等有关论述进行了梳理，从而进一步定义绿色交通的目标和内涵。

在综合考虑交通产生的多种负面影响、不同的定义以及我国在绿色发展、生态文明建设方面的需求的基础上，本书从环境维度、资源维度、生态维度、功能维度等四个方面提出了绿色交通的定义（见专栏 3-1）。

专栏 3-1　绿色交通的定义

一个绿色交通系统应该是：

——最少的空气污染、温室气体排放和废弃物排放，最小化的噪声影响。（环境维度）

——最小的能源、土地、岸线等资源消耗，最大化的资源循环利用。（资源维度）

——最小化的对土壤资源、水资源、生物资源等的影响。（生态维度）

——多种交通方式共存，最大化的人和货物通行能力及通行效率。（功能维度）

综上所述，绿色交通是在高效保障人和货物通行的基础上，减少对环境和生态系统的短期和长期影响，以最小的资源消耗，满足人民群众日益增长的优美生态环境需求的交通系统。

重点对大气污染、水污染、土壤污染、固体废弃物等内容作出论述

◆节能即减排，少用一半能源，就能大量减少二氧化碳、二氧化硫、$PM_{2.5}$排放——习近平在中央财经领导小组第六次会议上的讲话（2014年6月13日）

◆坚持全民共治、源头防治，持续实施大气污染防治行动，打赢蓝天保卫战。加快水污染防治，实施流域环境和近岸海域综合治理。强化土壤污染管控和修复，加强农业面源污染防治，开展农村人居环境整治行动。加强固体废弃物和垃圾处置。——《决胜全面建成小康社会　夺取新时代中国特色社会主义伟大胜利 —— 在中国共产党第十九次全国代表大会上的报告》（2017年10月18日）

重点对能源、水资源、建设用地等内容作出论述

◆实行能源和水资源消耗、建设用地等总量和强度双控行动，就是一项硬措施。这就是说，既要控制总量，也要控制单位国内生产总值能源消耗、水资源消耗、建设用地的强度。——《关于〈中共中央关于制定国民经济和社会发展第十三个五年规划的建议〉的说明》（2015年10月26日）

重点对生态廊道、生物多样性、绿化等内容作出论述

◆加大生态系统保护力度。实施重要生态系统保护和修复重大工程，优化生态安全屏障体系，构建生态廊道和生物多样性保护网络，提升生态系统质量和稳定性。完成生态保护红线、永久基本农田、城镇开发边界三条控制线划定工作。开展国土绿化行动，推进荒漠化、石漠化、水土流失综合治理，强化湿地保护和恢复，加强地质灾害防治。——《决胜全面建成小康社会　夺取新时代中国特色社会主义伟大胜利 —— 在中国共产党第十九次全国代表大会上的报告》(2017年10月18日）

重点对交通拥堵等内容作出论述

◆要把解决交通拥堵问题放在城市发展的重要位置，加快形成安全、便捷、高效、绿色、经济的综合交通体系。——习近平视察北京市轨道交通指挥中心时的讲话（2014年2月25日）

图3-2　习近平总书记关于生态文明、绿色交通的重要论述摘录

第四章 现有的绿色交通发展指标研究的优点和缺点

在绿色交通发展进程中，指标体系作为衡量标准和发展指引，具有重要意义。为更全面了解指标体系，对国内外绿色交通相关评价指标体系进行了系统的比较分析，其要点概括如表 4-1 和表 4-2 所示。

表 4-1 国外绿色交通相关指标体系要点概括对比

报告名称	考核级别	提出机构	目标（指标数）	解决的交通问题	具体指标
《测量可持续交通》	城市	美国环境保护局（Environmental Protection Agency，EPA）	促使城市交通系统可持续发展（7 个）	环境维度	（1）燃料质量和排放标准
					（2）空气质量检测制度
《可持续的低碳运输》	所有层面	丹麦技术大学（Technical University of Denmark）	实现可持续发展目标（55 个）	环境维度	（1）人体接触有害污染物量；（2）道路和街道环境的质量；（3）当地空气污染物（NO_x、CO、PM、VOC 等）的人均排放量；（4）空气质量标准和管理计划；（5）全球温室气体（CO_2、CFCs、CH_4 等）的人均排放量；（6）交通噪声水平、噪声标准和噪声管理
				资源维度	（1）人均交通能源消耗；（2）车辆生产过程中可回收材料的百分比；（3）基础设施中可回收材料的百分比
				生态维度	（1）土地使用组合；（2）保护文化资源和传统；（3）不透水的路面；（4）为交通设施铺设的部分土地；（5）保护高价值农田和生态栖息地的政策
				功能维度	（1）运输系统多样性；（2）可步行和可骑行道路

报告名称	考核级别	提出机构	目标（指标数）	解决的交通问题	具体指标
《城市交通基准倡议》	城市	欧洲委员会	促进城市公共交通可持续发展（35 个）	环境维度	（1）公共交通车队的车辆清洁度；（2）公共交通车队车辆的可持续燃料技术；（3）为公共交通车队的车辆提供额外的污染减少技术；（4）公共交通车队的车辆平均油耗
				功能维度	（1）高峰时段的汽车 / 摩托车平均速度；（2）高峰时段的公共汽车 / 火车 / 地铁车辆 / 有轨电车的平均速度；（3）高峰时段公共汽车 / 火车 / 地铁车辆 / 有轨电车等的发车间隔
《OECD 运输政策》	城市	经济合作与发展组织（OECD）	客观衡量运输系统的效率（32 个）	环境维度	（1）CO_2、NO_x、VOCs、CO 等的排放总量和排放强度（以人均排放、每车公里排放、单位 GDP 排放核算）；（2）气候变化与能源安全；（3）空气污染和噪声；（4）受运输噪声影响大于 65 dB（A）的人口
				资源维度	（1）运输部门的最终能源消耗；（2）道路燃料消耗量；（3）与运输有关的废物和相关的回收率
				生态维度	（1）海运中释放的油；（2）运输基础设施改变的土地使用量
《城市可持续交通发展质量》	城市	德国 4 个城市	考察德国城市可持续交通发展情况（9 个）	环境维度	（1）在白天暴露于超过 65 dB（A）的噪声且在夜间超过 55 dB（A）的人口比例；（2）受 PM_{10} 临界浓度影响的人口比例（占总数的百分比）
				功能维度	（1）为行人提供足够设施的主要街道（占总数的百分比）；（2）步行街占总网络的百分比；（3）拥有足够自行车道或 30 km/h 限速的主要街道（占总数的百分比）；（4）居住在公交车站 300 m 范围内或轻轨 500 m 范围内的居民比例

报告名称	考核级别	提出机构	目标（指标数）	解决的交通问题	具体指标
《运输和环境报告机制》	国家	欧盟	监测欧洲运输和环境一体化战略的进展和有效性（19个）	环境维度	（1）不同交通运输的最终能源消耗；（2）交通运输的温室气体排放；（3）交通运输的空气污染物排放；（4）交通噪声的影响程度
				资源维度	(1) 能源效率；（2）使用新能源和清洁能源；(3) 货物运输的载荷系数
《运输部门可持续发展指标》	国家	欧盟	发展和补充运输部门的可持续性指标（8个）	环境维度	（1）运输部门造成的空气污染（NO_x、VOC、PM）；（2）受交通噪声影响的人口比例
				资源维度	（1）运输服务的供应和质量；（2）公共交通运输部门的最终能源消耗
				生态维度	（1）主要交通基础设施所占有的土地面积份额
				功能维度	（1）运输服务的供应和质量（公共交通）
《可持续运输绩效指标》	国家	加拿大	可量化的交通可持续发展绩效（14个）	环境维度	（1）所有交通运输的温室气体排放量；（2）公路运输空气污染物排放指数；（3）公路车辆排放强度指数
				资源维度	（1）使用化石能源的交通运输量；（2）汽车和卡车的能源强度
				生态维度	（1）人均交通城市土地利用率；（2）铺设道路的长度
《公共交通可持续性的评估》	区域	联合国	公共交通可持续性评估（78个）	环境维度	（1）直接 CO_2 排放量；（2）乘客每公里 CO_2 排放量（g）；（3）清洁车队的百分比（符合欧IV标准或更高标准，并配有颗粒物过滤器）；（4）噪声水平、噪声监测和噪声测绘；（5）空气质量管理
				资源维度	(1)新鲜水与循环水的使用百分比(再循环包括收获的雨水）；（2）回收水平或环保产品的应用比例
				生态维度	（1）危险废物和石油泄漏造成的土壤污染

表 4-2 国内绿色交通相关指标体系要点概括对比

报告名称	考核级别	提出机构	目标	解决的交通问题	具体指标
《交通强国战略指标》	国家层面	中国政府	实现交通强国	功能维度	（1）绿色分担率；（2）TOD 发展指数；（3）基础设施绿色化程度；（4）共享交通发展水平；（5）城市拥堵
《绿色发展指标体系》	国家层面	中国政府	作为生态文明建设评价考核的依据	环境维度	（1）CO_2 排放总量；（2）NO_x 排放总量；（3）污水集中处理率；（4）NH_3-N 排放总量减少；（5）细颗粒物（$PM_{2.5}$）未达标地级及以上城市浓度下降；（6）地级及以上城市空气质量优良天数比率；（7）单位 GDP 二氧化碳排放降低
				生态维度	（1）受污染耕地安全利用率；（2）自然岸线保有率
				资源维度	（1）新能源汽车保有量增长率
				功能维度	（1）绿色出行（城镇每万人口公共交通客运量）；（2）单位 GDP 能源消耗降低
《创建绿色交通省实施方案编制指南》	区域层面	中国政府	作为创建绿色交通省的评价依据（8 个）	环境维度	（1）节能降碳强度类指标；（2）污染水平类指标；（3）污染防治类指标；（4）装备结构类指标
				功能维度	（1）制度建设类指标；（2）监管体系类指标；（3）市场机制类指标；（4）服务建设类指标；（5）组织结构类指标
《创建绿色交通城市实施方案编制指南》	城市层面	中国政府	作为创建绿色交通城市的评价依据（8 个）	环境维度	（1）节能降碳强度类指标；（2）装备结构类指标
				功能维度	（1）制度建设类指标；（2）监管体系类指标；（3）市场机制类指标；（4）服务建设类指标；（5）组织结构类指标
《创建绿色公路实施方案编制指南》	国家层面	中国政府	作为创建绿色公路的评价依据（8 个）	环境维度	（1）节能降碳强度类指标
				资源维度	（1）资源循环利用类指标；（2）能源结构类指标
				功能维度	（1）制度建设类指标；（2）监管体系类指标；（3）市场机制类指标；（4）服务建设类指标

报告名称	考核级别	提出机构	目标	解决的交通问题	具体指标
绿色港口	国家层面	中国政府	作为创建绿色港口的评价依据（7个）	环境维度	（1）节能降碳强度类指标
				资源维度	（1）能源结构类指标
				功能维度	（1）制度建设类指标；（2）监管体系类指标；（3）市场机制类指标；（4）服务建设类指标；（5）组织结构类指标

上述指标体系中（如图4-1所示），主要聚焦于国家层面的绿色交通发展的指标占53%；城市层面绿色交通发展指标占33%；区域（省份）层面的指标最少，仅占14%。

具体来说，在环境维度上，国内外指标体系所选择的具体指标相对类似，主要聚焦于评价交

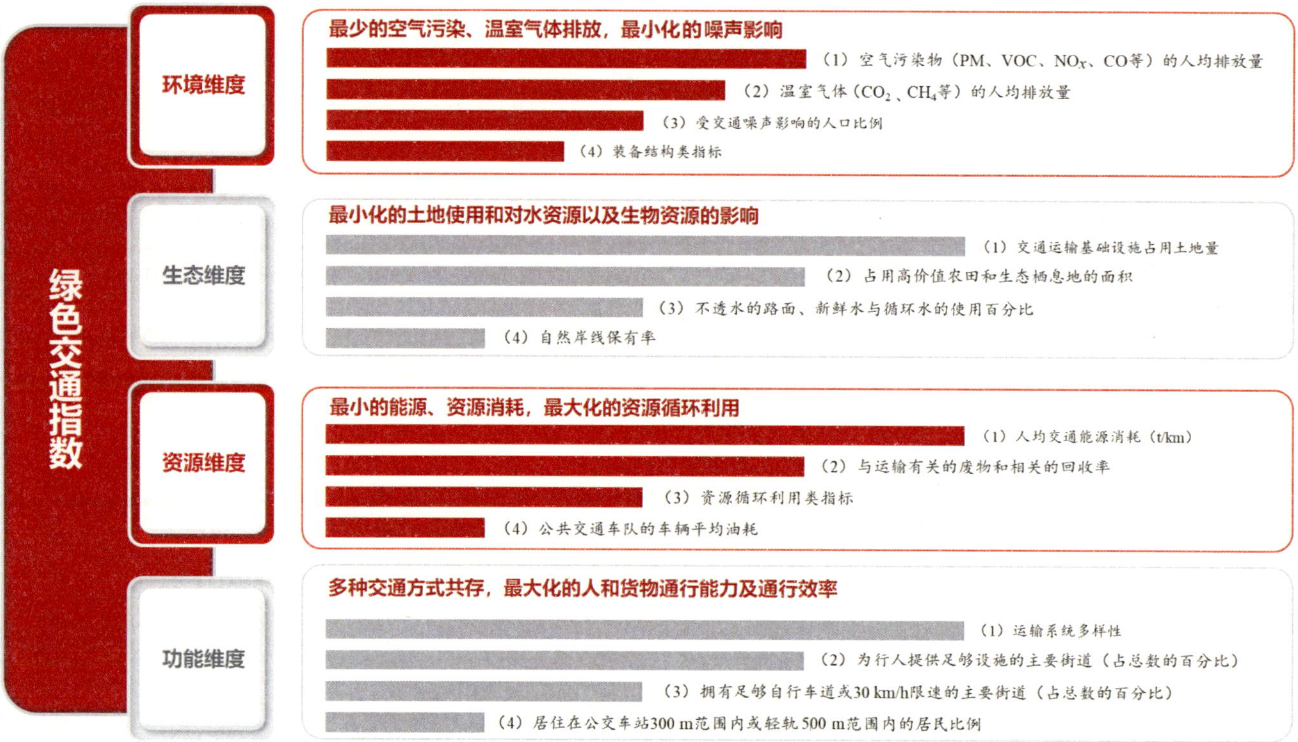

注：国内外绿色交通发展指标体系针对同一个评价指标所采用的名称略有差别。

图4-1 国内外绿色交通常用指标梳理

通运输过程中所产生的污染物、温室气体、噪声的影响程度以及运载工具的清洁化程度。在生态维度上，国内指标体系中关注该维度的指标相对较少，国外指标体系主要聚焦于评价土地资源的合理利用程度。在资源维度上，国内外指标体系所选择的具体指标相对类似，主要聚焦于评价能源、水等资源的利用效率。此外，国外的指标体系还会关注交通运输相关的废物回收情况。在功能维度上，国内外指标体系所选择的具体指标主要聚焦于评价城市公共交通的发展程度、绿色出行程度。此外，国内的指标体系还会关注交通运输相关的制度体系建设情况、市场机制建设情况。

第五章 指标的选取

一、框架的选择

为了构建绿色交通评价指标体系，我们首先需要构建指标体系的框架。目前在国际上，构建评价指标体系的框架时比较常用的框架包括主题指标框架（Theme Indicator Framework）和压力-状态-响应（PSR）框架等。

主题指标框架是将总目标分解成几个主题，依据不同的主题或问题来选取相应的指标，各个指标之间一般并非相互关联。主题指标框架体系能够与政策制定的过程和目标产生联系，为决策者和公众提供清晰而直接的信息沟通桥梁，并使相关问题获得社会舆论的关注。因此，该体系在研究评价大众所关心的主要问题时具备优势，并且已经得到了广泛使用。该框架的目的性、针对性以及指标选取的代表性较强，能够辅助判断城市或地区某一关键问题或领域的发展现状，为决策者针对相关问题做出决策提供直接明了的判断依据。此外，相较于其他综合指标体系，由于其目的明确，因而具备更强的可操作性。但是主题指标框架中的指标选择过程并不清晰，指标之间也缺少一定的逻辑联系。

PSR框架是反映指标间逻辑关系的比较通用的方法，使用了“压力-状态-响应”这一思维逻辑关系来描述人类与环境之间的相互作用关系，并以此为基础构建环境评估指标。该指标体系根据压力、状态、响应的循环过程进行分类，模型结构为：人类的社会活动改变自然资源存量与环境质量，即形成“压力”，影响自然环境和自然资源的数量、质量“状态”，环境和自然资源变化反过来影响人类，人类社会通过改变政策和行为来应对自然界的变化，作出“响应”。在PSR框架的基础上，将“压力”替换为“驱动力”的驱动力-状态-响应（DSR）框架和驱动力-压力-状态-影响-响应（DPSIR）框架进一步丰富了原有的框架内容。PSR框架及其改进框架提供了一个强有力的机制去调查和评估人类活动引发的环境变化。对于环境类指标，它能突出环境受到的压力和环境退化之间的因果联系，从而通过政策手段来维持环境质量，因而与可持续的环境目标密切相关。但是对于社会和经济类指标，压力指标和状态指标之间没有本质的联系。有些指标属于压力指标还是状态指标的界定也并不明确，因此其框架体系还存在一定缺陷。

结合上述两个指标体系的优缺点，本书构建了“目标-过程”二维框架（“T-P”二维框架）。具体而言，该框架从绿色交通要实现的目标出发，根据绿色交通的政策依据，找到实现绿色交通目标的主要措施或途径。因此，主要措施或途径指标以及目标指标构成了指标的关键因素和初始框架体系。最后，根据指标数据是否具有可得性等原则进行判断，从而进一步筛选得到最终的指标体系。该指标体系具有明确的层次结构，可以反映指标间的因果关系，可以较好地识别出过程性指标及结果性指标，可以清晰地展示绿色交通的发展目标。

二、指标选取流程

首先，结合绿色交通定义，识别交通运输现阶段面临什么挑战、绿色交通用来解决什么问题、要实现的目标是什么（如要减少对环境的污染，主要减少温室气体、污染物、废弃物等）。其次，识别出通过怎样的关键路径或途径实现目标，如减少运输活动、提高运输效率、使用清洁能源等。再次，因侧重点和评价角度的不同，对于同样的目标和路径来说，可能有多种指标可以反映，因此，对应识别出的关键路径和目标，提出可能合适的指标集。最后，通过采用指标比较分析法，综合考虑指标的选取原则，最终筛选出合适的指标。绿色交通发展指数指标体系选取流程如图 5-1 所示。

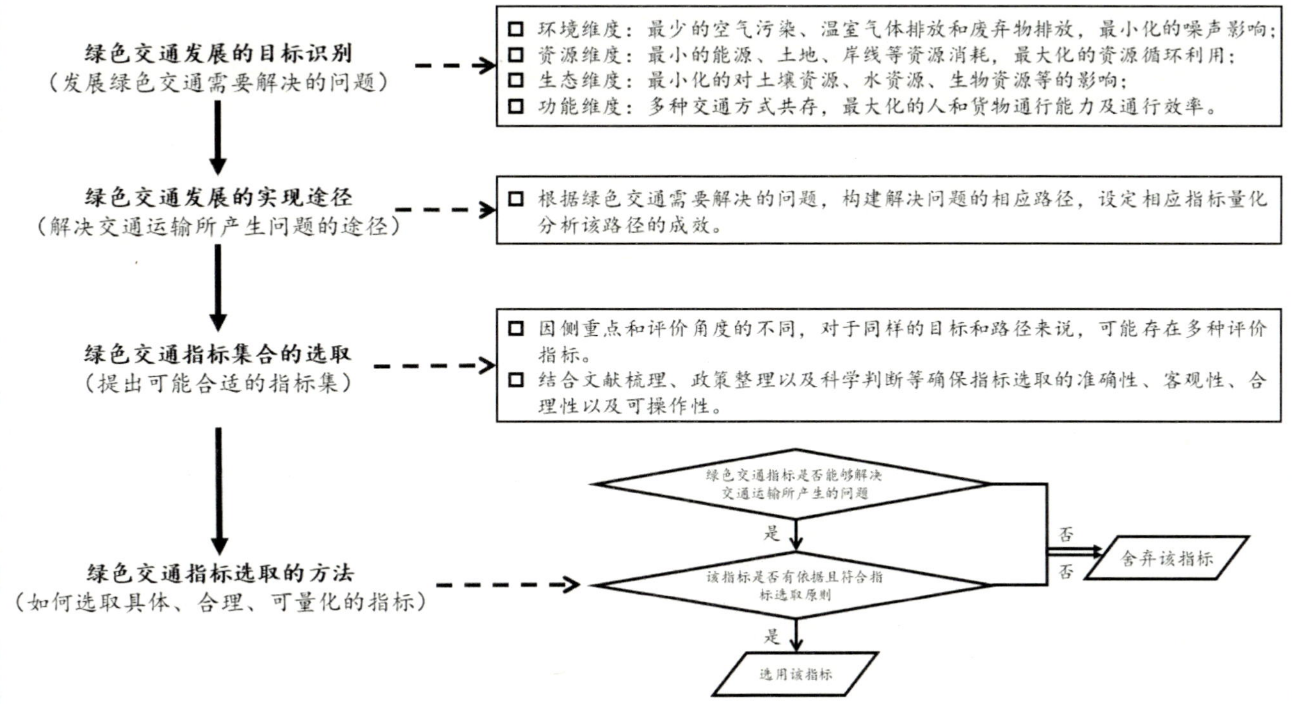

图 5-1　绿色交通发展指数指标体系选取流程

三、指标选取考虑的因素

指标是测度实现目标和途径的有效工具，需要谨慎选择以提供有用的信息。一般情况下，难以用一个指标去反映整体，因此，需要表征评价对象各方面特性及其相互联系的多个指标构成评价指标体系。

（一）过程性指标与结果性指标

Litman（2018）指出，可以根据最终目的、目标、实现途径等来确定指标，并将指标划分为四类（如图 5-2 所示），包括政策性指标、投入性指标、产出性指标、结果性指标；当构建指标体系时，需要各种类型的指标。政策性指标指政策或者规划

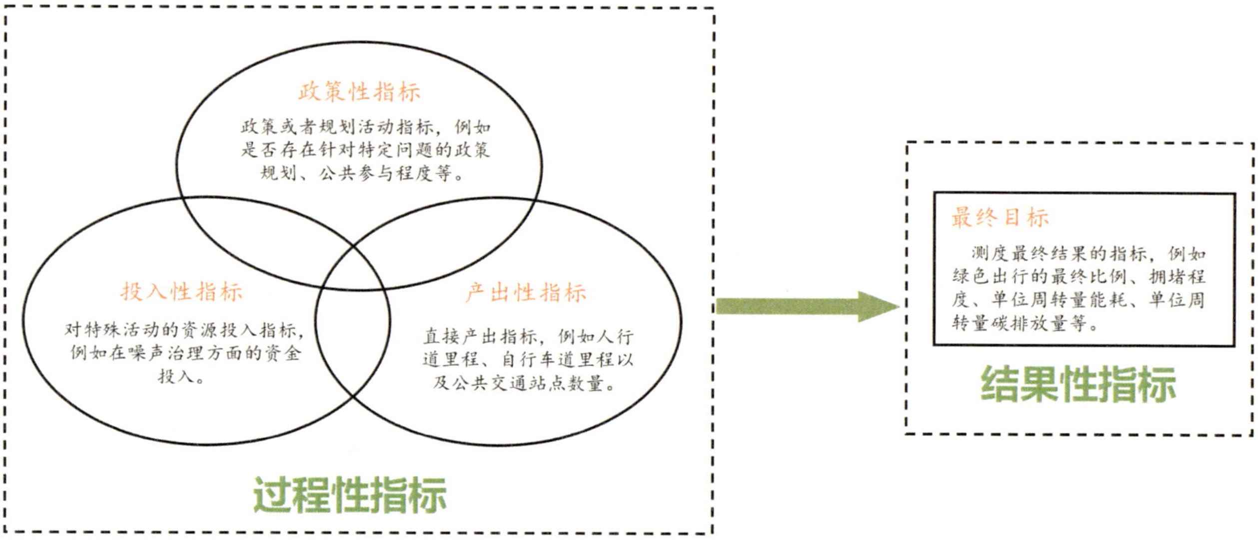

图 5-2 指标类型分类

活动（如是否有针对特定问题的相关政策）；投入性指标指对特殊活动的资源投入（如在污染治理过程中的资金投入）；产出性指标指直接产出指标（如人行道路里程、公共交通站点等）；结果性指标指最终的目标（如温室气体排放、污染物排放等）。

根据指标的不同特点，本书将评价的指标划分为两类，即过程性指标和结果性指标。结果性指标是测度最终目标的指标，过程性指标是在最终目标下用于表征实现途径的指标，主要包括政策性指标、投入性指标、产出性指标，可以考察途径对目标实现的支撑作用。在选择过程性指标时，本书以已有的绿色交通最主要的政策途径为依据来构建指标。

（二）定量指标与定性指标

定量指标是可以准确定义数量、精确衡量并能设定绩效目标的考核指标，定性指标是不能直接量化而需通过其他途径实现量化的评估指标。定性指标一般可先进行模糊等级评价，然后再进行量化，其缺点是易带进评估者的主观因素，且指标的区分度和信度较差，难免影响评估的客观性。因此，在指标的选择中，尽可能量化影响，避免凭感觉、主观来判断，而且定量指标测算的数据资料比较容易获得、计算过程也简单。

（三）相对指标与总量指标

总量指标是反映某种社会经济现象在一定时间、空间和条件下的总规模、总水平或工作总量的综合指标。相对指标是用两个有联系的指标进行对比的值来反映社会经济现象数量特征和数量关系的综合指标。在进行地区比较时，由于经济、人口、地理位置的差异性，往往会造成总量的差异，不具有可比性。因此，尽可能选择相对指标（Litman，2018），相对指标是标准化的指标，可剔除规模影响，以便进行比较。

专栏 5-1 相对指标的选择

相对指标的优势是可以抽象化事物发生的具体规模，使原来无法直接对比的指标变为可比的（高敏雪等，2012）。相对指标的计算方法并不复杂，是一个分数表达式，但如何设定分子和分母，在现实应用中却有许多的讲究。一般而言，处于分子位置上的变量是比较明确的，是研究分析所关注的对象，分母却是可以选择的，是研究对比过程中的参照物；选择不同的参照，比较计算得到的相对数结果可能会大有不同。相对指标有多种形式，具体包括：

- 动态相对指标是某个变量在两个时间的观测值的比较，显示报告期与基期观测值的比较，如人口的增长率。
- 结构相对指标表达一个总体内部的组成数量状况，如各运输方式货运量占比。
- 静态相对指标指同一时期两个有联系的指标的对比，反映两个指标的联系状态，如行驶里程与碳排放量、经济效益与运输活动等。

（四）全面性指标与典型性指标

指标的选择通常需要权衡利弊。较小的指标集合便于数据的收集和分析，但有可能会忽略重要的影响。更大的指标集合可以更全面，但面临更为繁重的数据收集工作，操作性不强。因此，本书在确定指标时，结合既有数据的可获性，尽可能抓住研究对象的“牛鼻子”，识别出主要问题和关键实现路径，即使在减少指标数量的情况下，也可以满足评价结果的可靠性和适用性要求，也更便于数据的计算和操作。待数据统计基础不断完善后，逐渐增加合适的指标，以进一步提升指标的全面性。

四、指标选取过程

结合绿色交通的定义，本书总结出绿色交通发展的 7 个目标，包括减少污染物排放、减少温室气体排放、最小化能源消耗、最小化土地使用、最小化生态环境影响、缓解拥堵、减少噪声污染；并采用“T-P”二维框架，详细说明指标的选取过程。

（一）目标一：减少污染物排放

交通运输行业污染物来源主要分为道路移动源和非道路移动源，道路移动源以机动车为主，非道路移动源主要包括船舶、飞机、铁路机车等。移动源污染问题日益突出，移动源已成为空气污染的重要来源。特别是在北京、上海、深圳等大中型城市，移动源已经成为细颗粒物（$PM_{2.5}$）污染的重要来源。在重污染天气期间，贡献率会更高。同时，由于机动车大多行驶在人口密集区域，尾气排放直接威胁群众健康。《中国移动源环境管理年报（2019）》显示，2018 年，全国机动车的污染物排放总量中，初步核算一氧化碳（CO）3 089.4 万 t，碳氢化合物（HC）368.8 万 t，氮氧化物（NO_x）562.9 万 t，颗粒物（PM）44.2 万 t。2018 年，船舶排放二氧化硫（SO_2）58.8 万 t，碳氢化合物（HC）8.9 万 t，氮氧化物（NO_x）151.1 万 t，颗粒物（PM）10.9 万 t。铁路机车和飞机的污染物排放相对于机动车来说，总量非常小（如图 5-3 所示）。

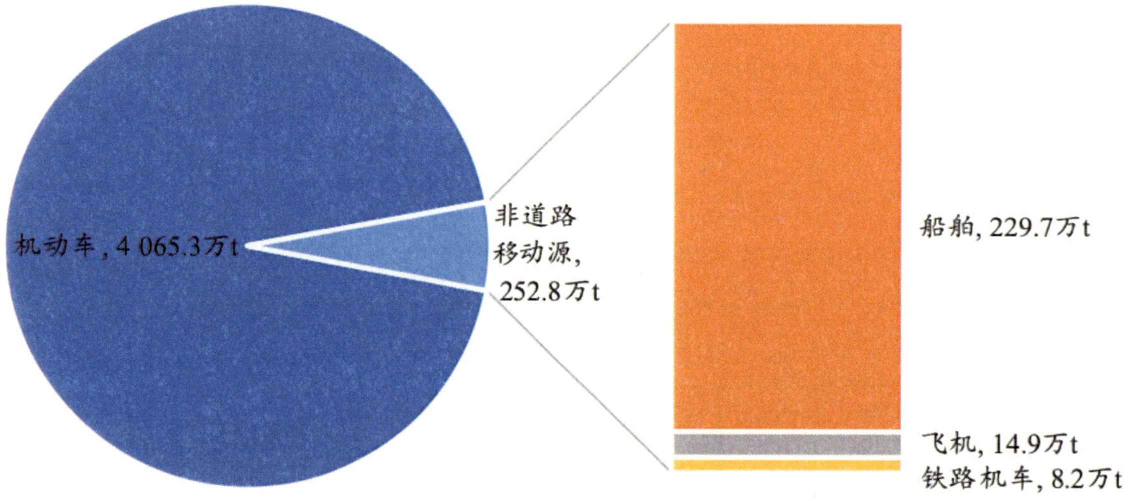

图 5-3　2018 年移动源、船舶、飞机、铁路机车的污染物排放量

污染物排放强度是直接量化污染物排放的指标。一般来说，常用的污染物排放强度指标包括三种（如表 5-1 所示）。

- 单位运输周转量污染物排放量：运输周转量是交通领域生产的重要产量指标，该指标可以反映单位运输活动的污染物排放水平，也是交通领域常见的测度指标之一。
- 单位经济增加值污染物排放量：经济增加值是反映行业经济效益的重要指标，该指标突出高质量发展，引导行业发展方式由规模速度型粗放增长转向质量效率型集约增长，推动交通货运需求向高附加值转变，与“单位运输周转量污染物排放量”指标相比，更能反映交通行业的经济效率。
- 单位机动车污染物排放量：机动车是污染物排放的重要来源，该指标可以反映某一地区机动车的整体污染排放水平，引导该地区对机动车结构进行优化调整。

表 5-1 三种指标的特点对比

污染物排放强度指标	指标选择优先序	数据可获性	计算复杂程度	公众的接受程度
单位经济增加值污染物排放量	1	不可获取	一般	中
单位运输周转量污染物排放量	2	不可获取	一般	中
单位机动车污染物排放量	3	可获取	简单	高

注：（1）根据指标的导向性，提出指标适用性的优先序；“单位经济增加值污染物排放量”以高质量发展为导向，对推动行业转型发展具有重要的引导作用，可在条件允许时，优先选择该指标。

（2）污染物排放量统计包括私家车，但运输周转量与经济增加值数据统计未纳入私家车，因此现阶段该指标的统计基础相对薄弱。

通过对三种常用的污染物排放强度指标的对比，在充分考虑可操作性和数据基础双重因素的基础上，本书认为近期可以选择“单位机动车污染物排放量”作为测度指标，远期待数据统计完善后，选择“单位经济增加值污染物排放量”作为引领高质量发展的测度指标更为合理和科学。

图 5-4 展示了移动源污染物排放构成、主要贡献来源和关键实现途径。可以发现，不同污染物的贡献来源不同，客车是 CO 和 HC 的主要贡献者，其中小型客车更是主要的来源；柴油车是 NO_x 和 PM 的主要贡献者，其中重型柴油货车更是主要的来源。可见，控制小型客车和重型柴油货车的污染排放是交通运输行业控制污染物排放的重要任务。积极推动公共交通发展、促使更多的小型客车使用者转移到公共交通方式，从而控制私家车的交通需求是减少污染物排放的主要实现途径之一。因此，本书选择“每万人公共交通客运量”作为减少小型客车活动量的监测指标①。另外，控制机动车排放标准也是降低污染排放水平的主要实现途径。根据数据显示，国 III 及以下排放标准的柴油车是 NO_x 和 PM 等污染物排放的主要来源，对柴油车污染物 NO_x 和 PM 排放的贡献率分别达到 61% 和 75%。因此，本书建议近期选择“国 III 及以下营运柴油货车占所有营运柴油货车比例”作为控制货车污染物排放的监测指标，这也符合国家“大力推进国 III 及以下营运柴油货车提前淘汰更新”的任务要求。远期，本书建议选择“国 IV 及以下营运柴油货车占所有营运柴油货车比例”作为过程监测指标。

① 由于“每万人公共交通客运量”也是缓解拥堵目标下的重要指标之一，在后文中为了便于分析，本书将该指标统一放在缓解拥堵目标框架中。

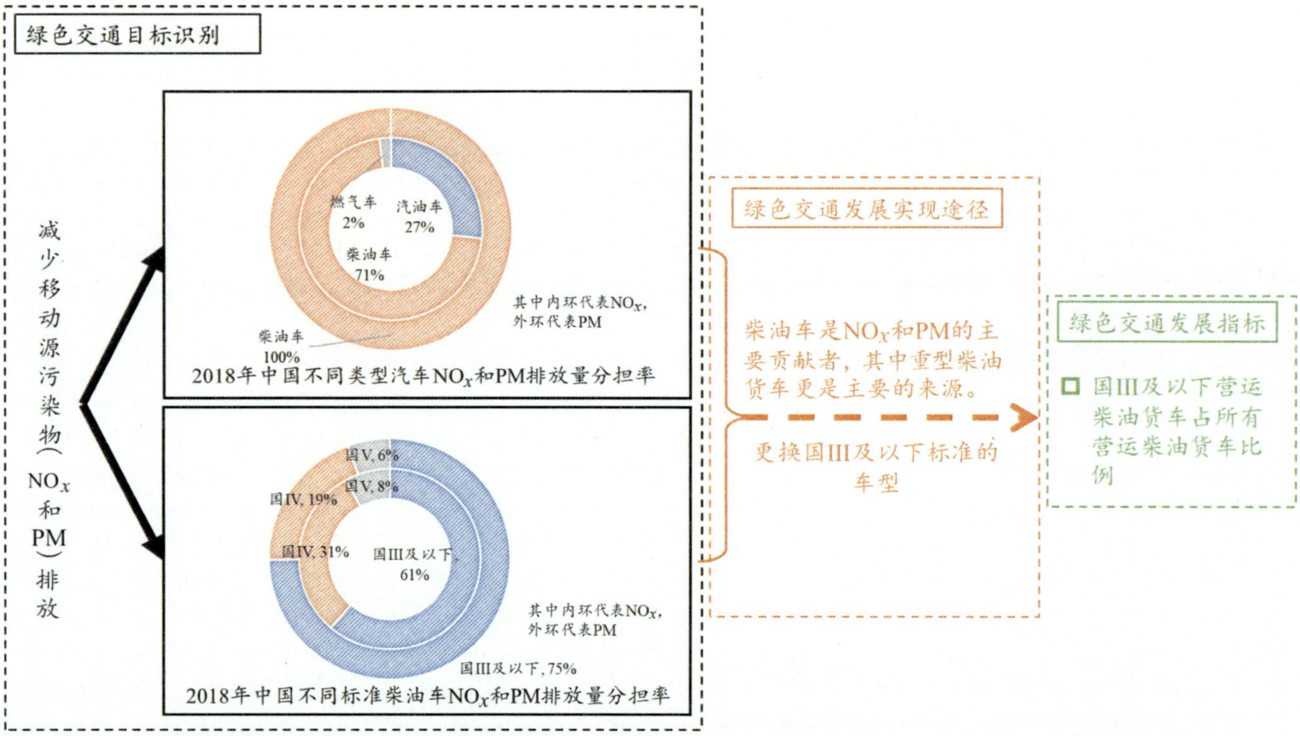

（a）控制柴油车污染物排放的关键实现途径

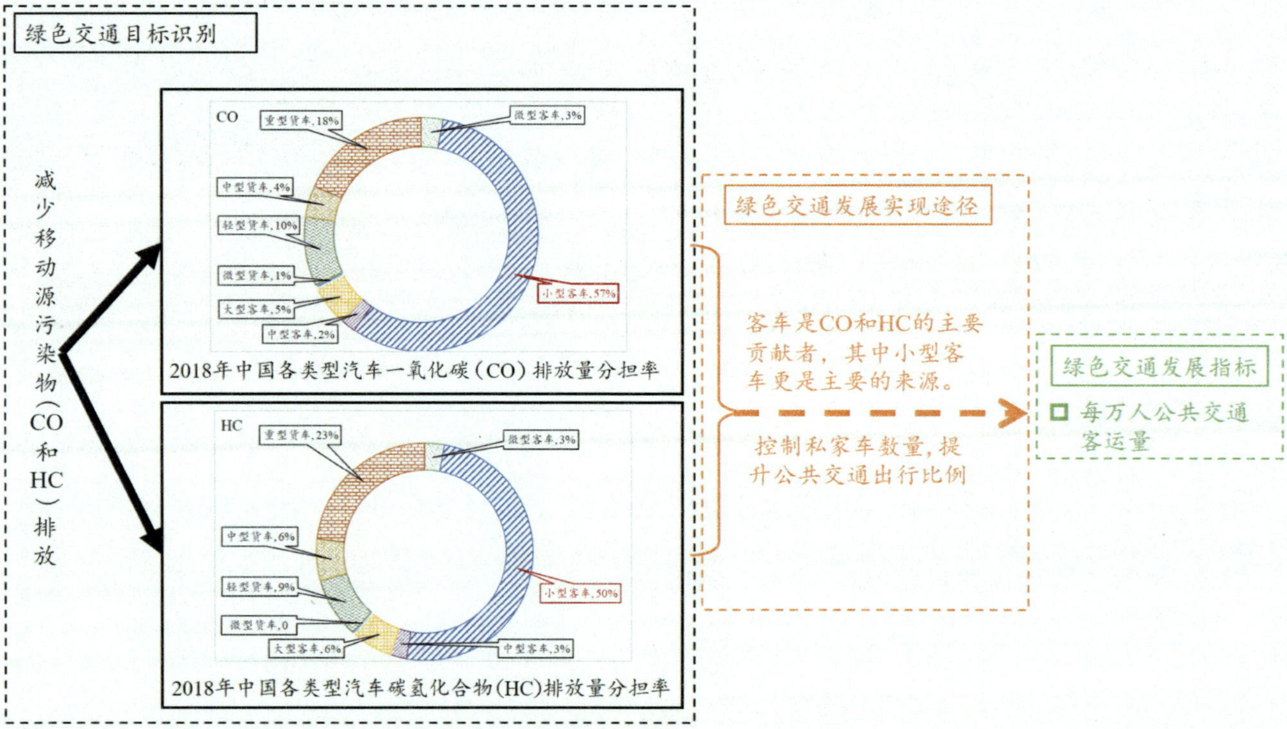

（b）控制汽油车污染物排放的关键实现途径

图 5-4　控制污染物排放的关键实现途径

（二）目标二：减少温室气体排放

温室气体逐步成为全球关注的重点，中国向《联合国气候变化框架公约》秘书处提交了应对气候变化国家自主贡献文件《强化应对气候变化行动——中国国家自主贡献》，确定了二氧化碳排放2030年左右达到峰值并争取尽早达峰、单位国内生产总值二氧化碳排放比2005年下降60%～65%、非化石能源占一次能源消费比重达到20%左右的行动目标。国家层面上，中国发布的《中共中央　国务院关于全面加强生态环境保护　坚决打好污染防治攻坚战的意见》《打赢蓝天保卫战三年行动计划》等都对交通运输领域提出了明确的任务要求，交通运输部印发了《关于全面加强生态环境保护　坚决打好污染防治攻坚战的实施意见》，明确了2020年具体发展目标以及2035年展望目标，以二氧化碳排放强度的下降作为重要的考核指标。

交通运输行业碳排放总量增长迅速，占比呈上升趋势。从碳排放总量来看，随着我国经济社会快速发展，交通运输货物量和运输周转量大幅上升，导致交通运输碳排放量从2005年的3.97亿t增加到2018年的10.40亿t，增长了162%，年均增长率达到7.7%。交通运输领域二氧化碳排放量占全国二氧化碳排放量的比重有所增加，从2005年的6.1%增加到了2018年的12.1%（如图5-5所示）。

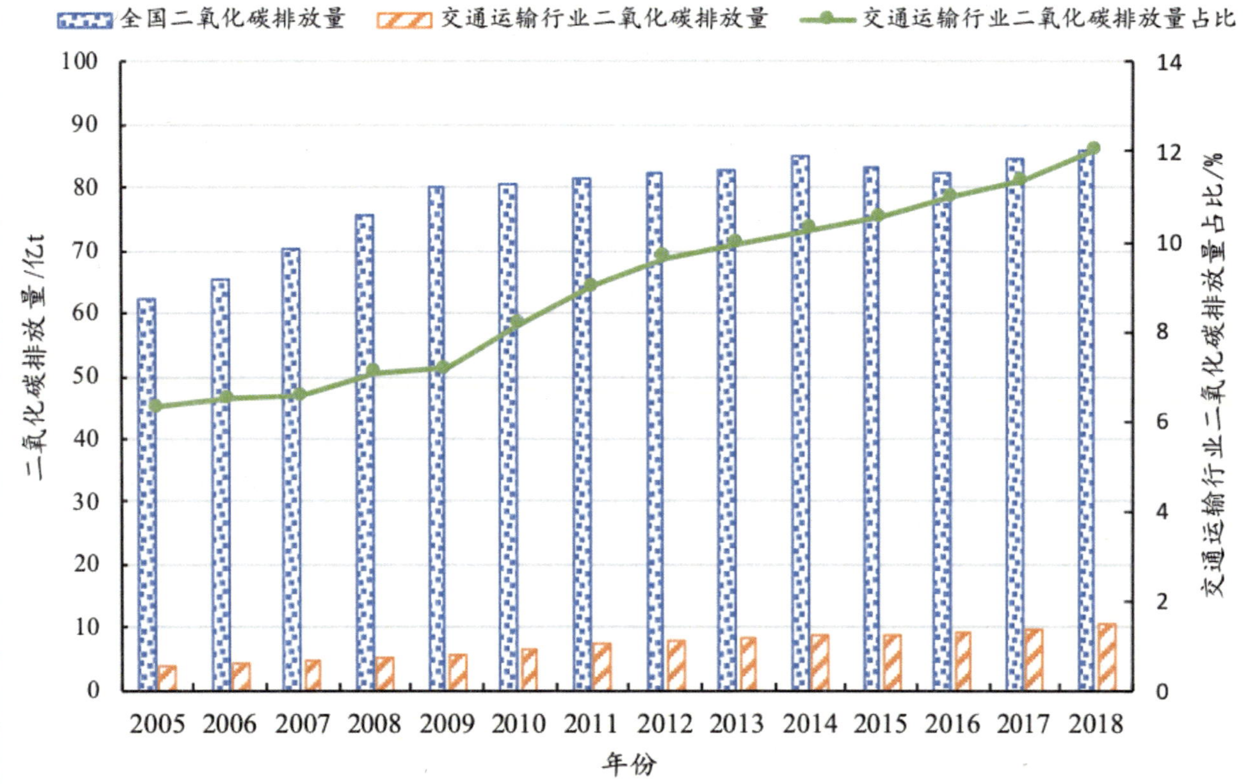

图5-5　中国交通运输行业二氧化碳排放量及其占比

交通运输活动过程中的化石燃料燃烧是导致交通运输领域碳排放的主要原因。因此，在保障完成社会经济活动中交通运输基本任务的基础上，降低单位碳排放强度和减少化石燃料的消耗是减少交通运输领域碳排放的核心途径。

《“十三五”现代综合交通运输体系发展规划》中对交通运输部门二氧化碳排放的考核指标为“碳排放的强度指标”。一般来说，常用的二氧化碳强度指标包括四类。

- 单位运输周转量二氧化碳排放量：运输周转量是交通运输领域生产的重要产量指标，该指标可以反映单位运输活动的二氧化碳排放水平，也是交通领域常见的测度指标之一。
- 单位经济增加值二氧化碳排放量：与“单位运输周转量二氧化碳排放量”指标相比，该指标更能反映交通运输行业二氧化碳排放与经济效率间的关系。但现阶段与交通直接相关的单位经济增加值数据难以获取，因此，远期待数据统计完善后，可采用该项指标衡量交通运输领域碳排放效率在经济维度上的变化。
- 单位运载工具二氧化碳排放量：运载工具是交通二氧化碳排放的主要原因，该指标能够反映某一地区运载工具的二氧化碳排放效率。但现阶段对具体区域内每一种类型运载工具的统计数据较难获取，因此，在远期待数据统计完善后，可采用该项指标更直观地反映出区域中的碳排放效率。
- 人均二氧化碳排放量：交通运输活动量以及交通运输碳排放量与人口密度、人口数量高度相关，该指标能够反映出某一地区的交通运输碳排放对当地居民的影响程度。该指标在国际上主要用于气候谈判，在区域内主要用于从公平维度对碳排放权的分配。四种指标的对比如表 5-2 所示。

表 5-2　四种指标的特点对比

污染物排放强度指标	指标选择优先序	数据可获性	计算复杂程度	公众的接受程度
单位运输周转量二氧化碳排放量	1	可获取	一般	高
单位经济增加值二氧化碳排放量	2	不可获取	复杂	中
单位运载工具二氧化碳排放量	3	不可获取	一般	高
人均二氧化碳排放量	4	可获取	简单	高

注：单位运载工具二氧化碳排放统计包括私家车、船舶等一系列运载工具，但现阶段针对大交通运载工具的统计基础相对薄弱。

因此，综合分析后，选用“单位运输周转量二氧化碳排放量”作为评价考核地区交通运输温室气体排放效率变化的指标。

此外，减少温室气体排放需要更换传统燃油交通运输工具，例如普及新能源车、新能源船舶，铁路货运机车的电气化等。降低化石能源的使用比例和新能源运载工具的推广具有高度的相关性，为避免相关性，综合选择“能源消耗结构”指标作为评价的重要指标。该指标选取的流程如图 5-6 所示。

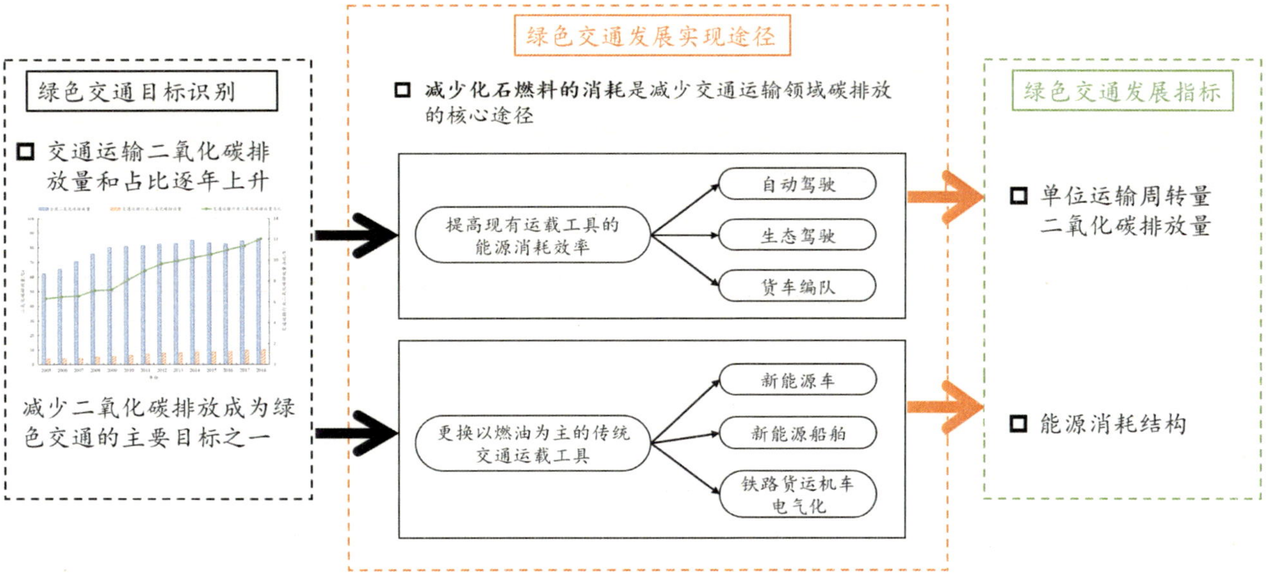

图 5-6 交通运输领域控制二氧化碳排放的指标选取

（三）目标三：最小化能源消耗

2018 年，中国石油消费量达 6.48 亿 t，天然气消费量突破 2 800 亿 m^3。与此同时，我国油气对外依存度双创新高，其中石油对外依存度逼近 70%，天然气对外依存度升至 45.3%。

交通运输行业能源消费总量增长迅速，占比自 2010 年起呈显著上升趋势。交通运输行业能源消费总量从 2005 年的 2.33 亿 t 标准煤增加到 2018 年的 5.09 亿 t 标准煤，增长了 118%，年均增长率达到 6.2%。交通运输行业能源消费总量占全国能源消费量的比重有所增加，从 2005 年的 9.9% 增加到了 2018 年的 10.7%（如图 5-7 所示）。根据国际能源署（International Energy Agency，IEA）的预测①，交通运输行业能源需求将持续增长，到 2030 年，中国将取代美国成为世界上最大的石油消费国。

提高交通运输能源消耗效率是减少交通运输

①《世界能源展望：中国特别报告》。

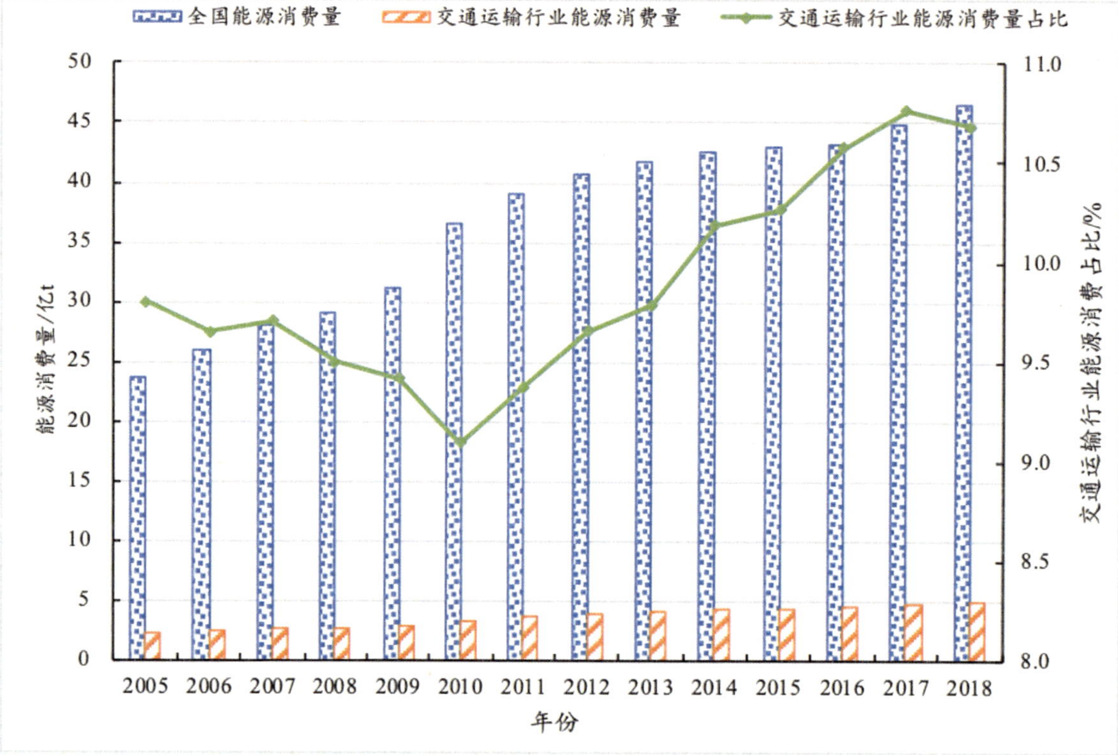

图 5-7 交通运输行业能源消费量和占比

领域碳排放的核心途径，包括两个方面。

首先，提高运载工具效率是减少交通运输领域能源消耗的直接方式。在考核一整片区域的交通运输能耗效率时，可以采用强度指标进行衡量，常用的能源消耗强度指标包括四类。

- 单位运输周转量能源消耗量：运输周转量是交通运输领域生产的重要指标，该指标可以反映单位运输活动的能源消耗水平，也是交通运输领域常见的测度指标之一。
- 单位经济增加值能源消耗量：该指标能够反映交通运输领域能源消耗所产生的经济效应。但现阶段考虑数据的可获性不高，因此暂不采用该指标。
- 单位运载工具能源消耗量：单位运载工具能源消耗量是衡量运载工具能源利用效率的重要指标。考虑到虽然单个运载工具的百公里油耗量数据较易获取，但一个区域的运载工具种类较多、数量较大，统计过程中难度较大，因此，暂不采用该指标。
- 人均交通能源消耗量：该指标能够反映出某一地区居民的出行偏好。该指标主要用于从公平维度对交通运输领域能源消耗进行评价。四种污染物排放强度指标的特点对比如表 5-3 所示。

表 5-3 四种指标的特点对比

污染物排放强度指标	指标选择优先序	数据可获性	计算复杂程度	公众的接受程度
单位运输周转量能源消耗量	1	可获取	一般	高
单位经济增加值能源消耗量	2	不可获取	复杂	中
单位运载工具能源消耗量	3	不可获取	复杂	高
人均交通能源消耗量	4	可获取	简单	高

注：单位运载工具能源消耗统计包括私家车、船舶等一系列运载工具，但现阶段针对大规模运载工具的统计基础相对薄弱。

因此，综合比对后，采用“单位运输周转量能源消耗量”作为考核区域能源消耗效率的指标（如图 5-9 所示）。

其次，优化运输结构也是减少交通运输领域能源消耗的方式之一。不同运输方式的能效存在差异 [如图 5-8（a）所示]，通过转变运输方式，能够提高总体能耗效率。在货运方面，现阶段中国货运结构以公路运输为主，公路运输占比自 2009 年以来持续上升，其趋势如图 5-8（b）所示。由于铁路、水路在运输过程中的单位周转量能源强度远低于公路和航空运输，优化运输结构是节约能源的有效途径。据测算，在货运方面，如果

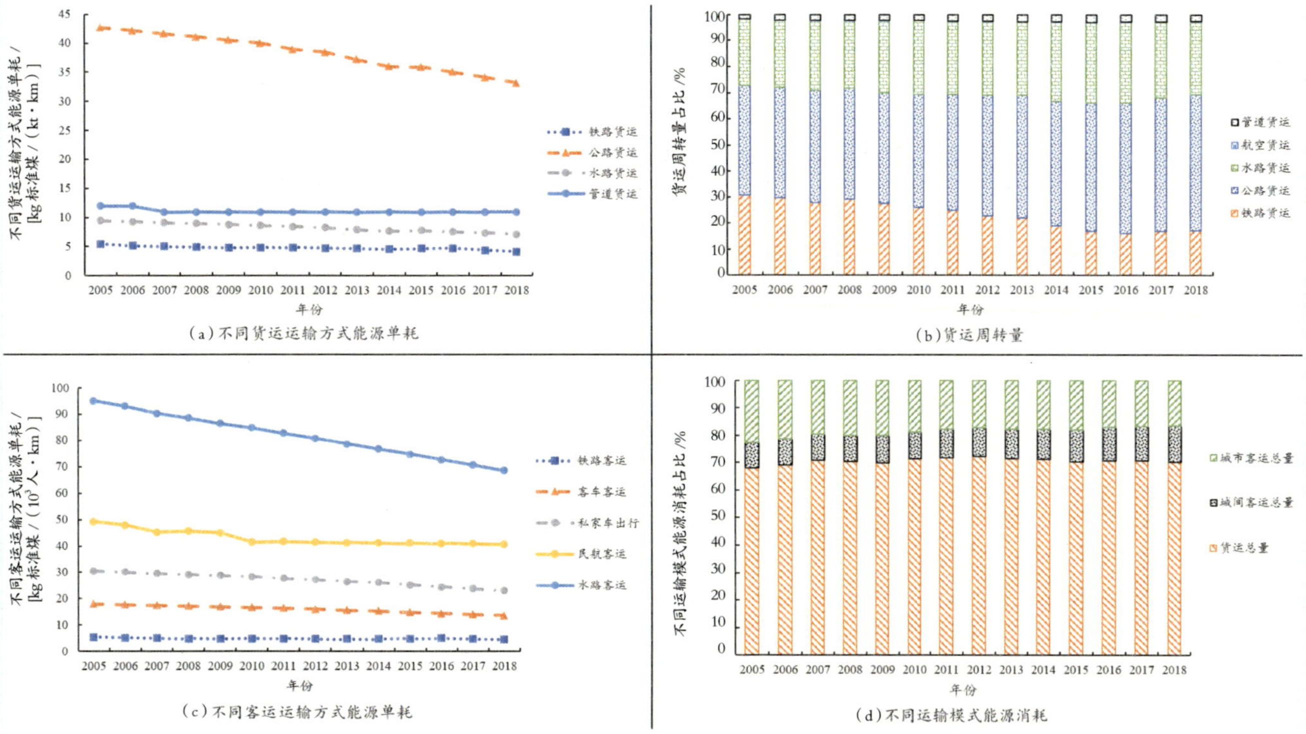

图 5-8 2005—2018 年中国不同运输方式周转量、单耗以及能源消耗情况

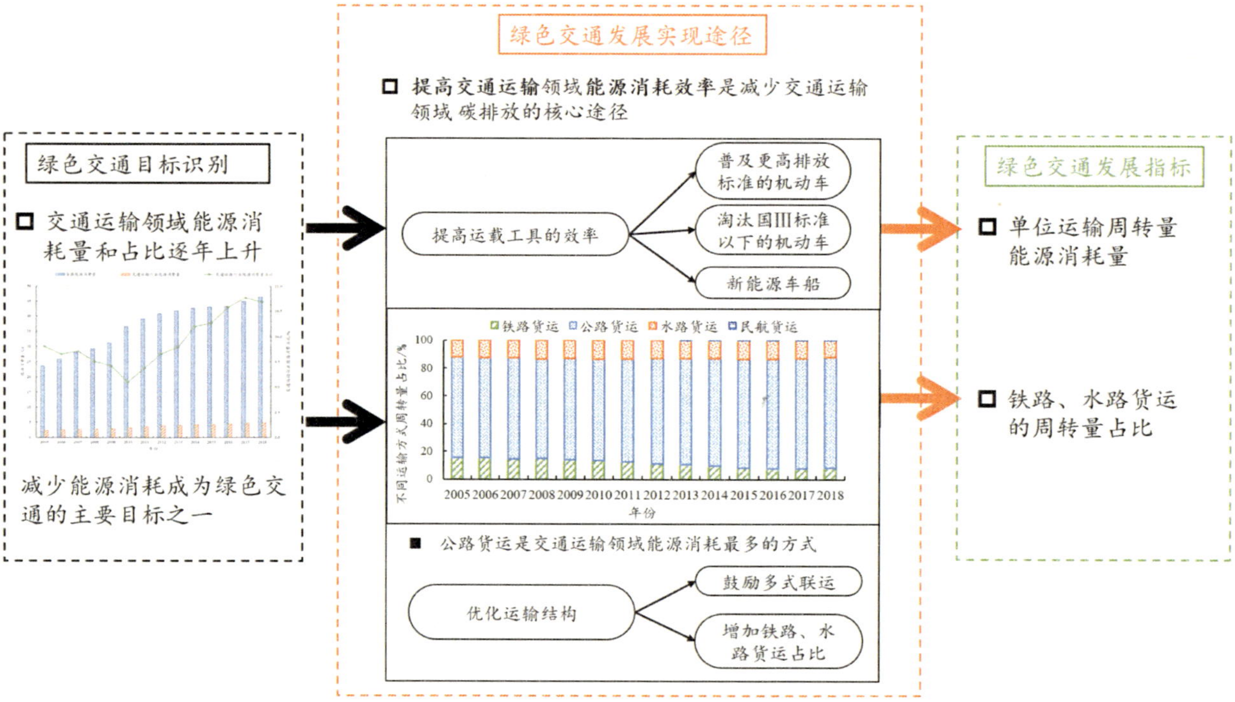

图 5-9　交通运输能源消耗的指标选取

将铁路运输所占比重提高 1%，相应地将公路运输比重减少 1%，可降低能源消费量 1.2%；优化运输结构也是完成《深入推进长江经济带多式联运发展三年行动计划》、《交通运输部关于全面加强生态环境保护　坚决打好污染防治攻坚战的实施意见》以及《关于加快推进铁路专用线建设的指导意见》中“优化调整运输结构，增加铁路货运量”的任务要求。在客运方面，铁路能源强度远低于公路客运和民航单耗 [如图 5-8（c）所示]。通过发挥铁路客运在城间客运上的优势，增加铁路客运占比以达到节能效果。据测算，铁路运输比重每增加 1%，相应地将公路运输比重减少 1%，可减少能源消费 1.5%。在城市客运方面，通过完善城市公共交通措施，提供高效便捷的公共出行网络，提高绿色出行比例，达到降低能耗的目标。综合考虑指标的可获性以及不同指标所对应的主要目标，考虑到货运是最主要的能源消耗方式，2018 年占比超过 70%[如图 5-8（d）所示]，因此选择“铁路、水路货运周转量占比”为评价交通运输领域能源消耗的指标。

（四）目标四：最小化土地使用

在我国建设用地中，交通用地面积约占总面积的 9.7%，交通是第二大的用地部门。随着城镇化进程的不断推进，交通基础设施建设呈现跨越式发展态势，建设用地需求大幅增加。但随着“完成生态保护红线、永久基本农田、城镇开发边界三条控制线划定工作”“加大生态系统保护力度”等要求的严格限制，我国可用作新增建设用地的土地资源有限，交通发展面临的土地资源矛盾突出，特别是城市内部，土地利用越来越紧张。

土地资源的有限性对交通运输的发展具有很强的约束性，交通运输绿色发展就是要实现集约节约利用土地资源，提高土地资源的利用率。本书从向“单位面积”要“效益”的目标出发，提出测度交通运输行业用地效率的指标。一般来说，测度交通运输行业效益的产出性指标包括运输周转量和经济增加值两种；与运输周转量相比，经济增加值更能引领交通运输行业高质量发展，大力提升投入产出比率和经济效益。因此，本书建议近期以“单位交通用地面积完成的经济增加值”作为测度交通行业用地效率的指标；该指标测度的是交通运输行业整体水平，包括铁路、公路、水路、民航、管道等行业综合效率。远期，随着统计数据的不断完善，本书建议细化到各行业，测度不同行业的用地效率，即“单位公路用地面积完成的公路经济增加值”“单位铁路用地面积完成的铁路经济增加值”等。

港口岸线是稀缺、不可再生的自然资源，在我国港口能力已经适应水运需求的行业背景下，更应着重提升港口岸线资源利用效率。“泊位利用率”和“百米岸线吞吐量”是港口岸线利用效率的常见评价指标（朱吉双，2016）。

- 泊位利用率：是指岸线实际完成的货物吞吐量和设计通过能力的匹配程度；如果泊位利用率大于 1，则说明实际完成的货物吞吐量超过了设计通过能力，说明港口岸线的利用率偏高。但泊位实际完成的货物吞吐量是一个动态变化的指标，可通过装卸设备升级改造、装卸作业流程优化等措施，使实际通过能力远大于最初的设计通过能力。
- 百米岸线吞吐量：指每百米岸线上实际完成的货物吞吐量，该指标意义比较直观，数据基础较好。

目前，由于岸线设计通过能力尚没有公开的统计基础，本书建议采用“百米岸线吞吐量”作为测度港口岸线使用效率的指标。

以公共交通为导向的开发模式（Transit-Oriented Development，TOD）是实现交通与土地利用一体化发展、实现紧凑型城市建设、促进人们利用公共交通等绿色交通方式出行的重要途径。《交通强国战略研究》提出“TOD 发展综合指数”，是衡量城市土地利用与城市交通系统尤其是城市轨道交通系统一体化程度的指标，是实现生态城市建设、破解交通“大城市病”的引领性指标。TOD 发展综合指数的计算方法是以轨道交通站点核心区为考核对象（站点周围 500 m 范围），对 4 个子因素指标数据进行等权加和，包括站点半径 500 m 范围内就业岗位密度 / 建成区平均就业岗位密度，站点半径 500 m 范围内用地混合程度，TOD 范围内枢纽与周边建筑直接连接的出入口数，站点半径 500 m 范围内步行、自行车交通路网密度 / 机动车路网密度。但该指标数据采集相对困难。

（五）目标五：最小化生态环境影响

由于受环保理念、资金、技术等所限，现阶段在部分交通基础设施建设、运营过程中对生态环境造成了严重的破坏，主要体现在三个方面：首先，造成生境的丧失与破碎。在交通基础设施建设和营运过程中，特别是施工过程中的挖方填土、借土弃方、改移河道、清理表土、开采料场等造成地表植被破坏、地形改变、沟谷大量消失，直接造成许多生物死亡或迁徙。恶化了生物栖息的生态环境，加速地表侵蚀，增大地表径流，加重水土流失，特别是对湿地、水域等敏感生境影响极大，使许多生物丧失了栖息的生境（Findlay et al.,2000）。其次，破坏理化环境。在交通基础设施建设和营运过程中，改变了土壤密度、土壤水分含量、温度、光照强度、地表径流，增加了灰尘，引起了沉积物变化等。修筑道路过程中的夯实路基以及机动车辆的长期滚压造成道路的土壤密度明显增加，土壤空隙减少，使土壤含水量下降，以至对土壤生物产生深刻影响。坚实的路面减少了水分蒸发，散热量少，同时因车轮摩擦及路面材料易吸收较多的太阳热量，使路面温度升高，产生道路热岛效应。穿过森林的道路往往增加了路线周边的风速和光照强度，改变了空气湿度和温度，改变了枯枝落叶物量，对喜阴生物影响较大，并产生明显的边缘效应，使物种组成发生明显的变化，改变了道路沿线植被的演替，对叶细胞易造成物理性损伤，地衣苔藓类尤其敏感；尘埃还影响植物光合作用、呼吸作用及蒸腾作用，甚至改变植物群落结构，从而对当地生态环境产生难以恢复的影响。最后，道路交通会使动物死亡。道路交通对动物最直接的影响就是车辆导致的死亡，即动物的道路致死，每年由于道路交通造成的动物死亡数量十分巨大，涉及的种类包括哺乳动物、鸟类、两栖爬行类以及昆虫等。当车流量高于某一阈值后，由于车流噪声、灯光等影响的增加，致使动物试图穿过道路的概率降低，动物死亡率也稳定在某一特定水平上。此外，道路致死率还受道路两侧的理化特性及景观类型、动物种类、种群密度以及动物的生物学特征（包括动物的昼夜活动节律、繁殖方式、扩散、迁徙等）等影响。

总的来说，在交通运输基础设施建设和营运过程中，造成了植被破坏、水土流失、生物多样性丧失等问题。而生态环境一旦被破坏，将不可逆转或将耗费巨大的人力、物力和财力才能修复。

尽管在交通运输基础设施建设和运营阶段都会对生态造成一定程度的破坏，但考虑到数据的可获性，目前很难量化一条道路或道路网的实际生态影响面积和范围，造成真实评价道路及影响区的生境质量较为困难。根据众多学者的野外观测和道路模型研究，自然保护区[①]内道路密度是引起生境破碎的最重要因素。另外，道路交通对动物最直接的影响就是车辆导致的动物死亡。因此在未来数据可获取后，可以选用“自然保护区内的道路密度”和“单位道路长度动物致死率”作为绿色交通发展生态维度的指标。由于在交通运输基础设施建设和运营阶段都会对生态造成一定程度的破坏，特别是交通用地对林地、耕地的挤占，导致区域的环境承载力下降。因此，交通运输用地面积占林地面积比例能够在一定程度上反映出交通运输的建设是否对生态环境造成了影响，是否在区域环境承载范围内。本书针对数据的可获性，采用“单位林地面积内交通运输用地面积”来衡量交通对区域生态的影响[②]。交通运输生态环境指标选取流程如图 5-10 所示。

① 以中华人民共和国生态环境部发布的《2015 年全国自然保护区名录》为准。

②《中华人民共和国森林法》规定，林地是指县级以上人民政府规划确定的用于发展林业的土地，包括郁闭度 0.2 以上的乔木林地以及竹林地、灌木林地、疏林地、采伐迹地、火烧迹地、未成林造林地、苗圃地等。

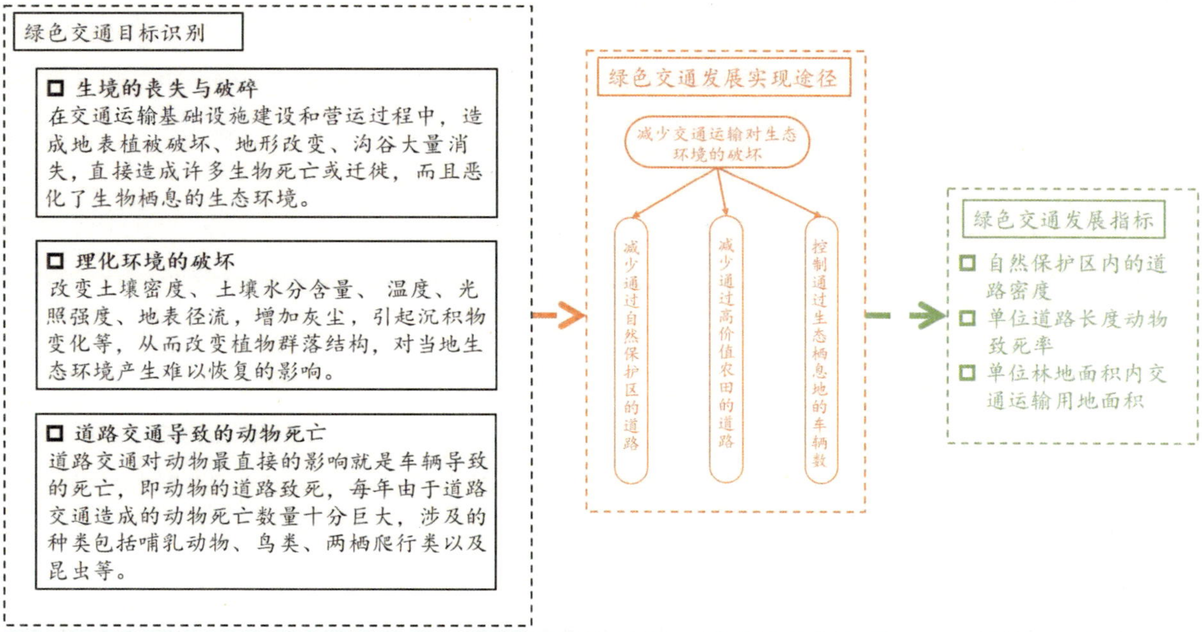

图 5-10 交通运输生态环境指标选取

（六）目标六：缓解拥堵

随着我国城市化进程的不断加快，城市人口规模和居民汽车保有量不断提升，为城市交通运行带来了巨大压力。2012 年，全国民用汽车保有量约 1.09 亿辆，至 2018 年年底已突破 2 亿辆，且仍持续增长。机动车保有量迅速增长、道路设计管理不妥以及公共交通基础设施建设相对滞后等是造成城市交通拥堵的主要原因，严重影响了道路的通畅性和运行效率，制约了经济的发展，也降低了人民生活的幸福感。在此情景下，拥堵治理已成为各地方政府着力解决的民生问题之一。2019 年 9 月，中共中央、国务院发布的《交通强国建设纲要》首次将“城市交通拥堵基本缓解”纳入了“交通强国”建设的发展目标中。“拥堵延时指数”中以“交通拥堵通过的实际时间与自由流行程时间之比”作为城市交通拥堵的评价指标，国际认可度高，而且该指标对城市居民的出行具有实际指导意义。但是在实际搜集数据过程中发现，缺乏各个省份的拥堵延时指数，只有部分典型城市的拥堵延时指数，因此该指标在现阶段由于数据不全而未被纳入评价指标体系。

优先发展公共交通、完善公共交通基础设施等是缓解交通拥堵的重要途径。本书建议选择“每万人公共交通客运量”“每万人拥有的公共交通车辆数量”“人均公共交通运营线路总长度”等三个指标，分别测度公共交通发展水平、装备发展水平、基础设施建设水平等三个方面，这三个指标操作性强、数据基础好、便于理解。

（七）目标七：减少噪声污染

交通运输噪声包含机动车辆、轨道交通车辆、机动船舶、航空器等交通运输工具在运行时产生的干扰周围生活环境的声音，其影响范围广且持续时间长。随着城市化进程的加快和机动车辆等交通工具数量的迅速增加，地面交通噪声污染日益严重，影响了人们的生活和工作环境以及身心健康。根据世界卫生组织和欧盟合作研究中心发布的《噪声污染导致的疾病负担》（*Burden of Disease from Environmental Noise*），噪声不仅会让人烦躁、睡眠质量变差、头晕，还会引发心脏病、学习障碍和耳鸣等疾病，进而减少人的寿命。噪声污染已成为仅次于空气污染之后的影响人体健康的环境因素。

根据《2019年中国环境噪声污染防治报告》，2018年全国324个地级及以上城市昼间道路交通噪声平均值为67.0 dB（A）。其中，昼间道路交通噪声强度评价等级为一级[①]（对应等级为“好”）的城市占66.4%，昼间噪声强度情况较好。2018年全国321个地级及以上城市夜间道路交通噪声平均值为58.1 dB（A）。其中，夜间道路交通噪声强度评价等级为一级[②]（对应等级为“好”）的城市占47.0%。可以看出道路交通噪声污染较为严重，已经给城市居民的生活带来困扰，因此监测并控制交通噪声十分必要。

交通噪声污染除了城市道路（轨道）交通噪声污染，还包含铁路、飞机等噪声污染。由于我国城市人口密度较大且在继续增长，城市中受到道路噪声影响的人群更为密集，因此本书将“城市道路交通噪声等效声级”作为测度噪声目标的指标。另外，在德国国际合作机构［Deutsche Gesellschaft für Internationale Zusammenarbeit（GIZ）GmbH］发布的《可持续交通评价——开发使用的评估工具》（*Sustainable Transport Evaluation—Developing Practical Tools for Evaluation in the Context of the CSD Process*）报告中用到的“受交通噪声影响的人口比例”指标目前在我国不易监测，数据无法获取，因此本书未选取该指标作为交通噪声的衡量指标。

防治噪声污染的途径很多，主要可以从交通噪声污染源控制和传声途径噪声削减等方面防治。其中，交通噪声污染源控制的手段包括通过提高设计制造及维护水平降低车辆噪声、加强交通管理措施（包括限行、限速、禁鸣）等；传声途径噪声削减的措施包括设置声屏障、绿化带等。

五、绿色交通发展指数评价指标体系

综合以上分析，本书初步得到的绿色交通发展指数评价指标体系如表5-4所示。其中有部分指标存在数据不可获取或者个别省份数据不全的情况，因此本书暂未将其纳入现有的评价指标体系中。最终，本书的评价指标体系中保留了现阶段12个数据可以获取的指标。

① 昼间平均等效声级≤68.0 dB（A）为一级。

② 夜间平均等效声级≤58.0 dB（A）为一级。

表5-4　绿色交通发展指数评价指标体系

发展目标	序号	指标	简述	目标	数据可获性
减少污染物排放	1	单位机动车污染物排放量	机动车污染物排放总量 / 机动车数量	越小越好	1
	2	国IV及以下营运柴油货车占所有营运柴油货车比例	国IV及以下营运柴油货车数量 / 所有营运柴油货车数量	越小越好	2

发展目标	序号	指标	简述	目标	数据可获性
减少温室气体排放	3	单位运输周转量二氧化碳排放量	交通运输二氧化碳排放量 / 交通运输周转量	越小越好	1
	4	能源消耗结构	清洁能源（包括电力、氢能等）占交通运输能源总量的比例	越大越好	1
最小化能源消耗	5	单位运输周转量能源消耗量	交通运输能源消耗量 / 交通运输周转量	越小越好	1
	6	铁路、水路货运周转量占比	铁路、水路运输周转量 / 交通运输周转量	越大越好	1
最小化土地利用	7	单位交通用地面积完成的经济增加值	交通经济增加值 / 交通用地面积	越大越好	1
	8	百米岸线吞吐量	吞吐量 / 岸线长度	越大越好	1
	9	TOD 发展综合指数	—	—	2
最小化生态环境影响	10	自然保护区内的道路密度	自然保护区内的道路长度 / 自然保护区面积	越小越好	2
	11	单位道路长度动物致死率	—	越小越好	2
	12	单位林地面积内交通运输用地面积	交通运输用地面积 / 林地面积	越小越好	1
缓解拥堵	13	拥堵延时指数	—	越小越好	2
	14	每万人公共交通客运量	城镇公共汽电车、轨道交通、客运轮渡客运总量 /（本期末城镇人口 + 上期末城镇人口）×2	越大越好	1
	15	每万人拥有的公共交通车辆数量	（公交+轨道数量）/（本期末城镇人口 + 上期末城镇人口）×2	越大越好	1
	16	人均公共交通运营线路总长度	（公共汽电车 + 轨道运营线路总长度）/（本期末城镇人口 + 上期末城镇人口）×2	越大越好	1
减少噪声污染	17	城市道路交通噪声等效声级	城市道路交通噪声等效声级	越小越好	1
		绿色理念和意识*		—	2

注：（1）1——统计年鉴公开公布，通常以标准化形式提供；2——有限，可能需要特殊的数据收集。

（2）标 * 的指标为主观调查指标，通过抽样调查的方式来获取，该指标暂不参与总指数的计算，将来进行单独的评价与分析。

第六章 适合我国省级绿色交通发展指数的构建体系和方法

一、我国绿色交通发展指数的构建体系

通过上述的指标研究，结合现有数据的可获性，本书中我国绿色交通发展指数由 7 个子指数构成，共包括 12 个指标。具体构建体系如图 6-1 所示。

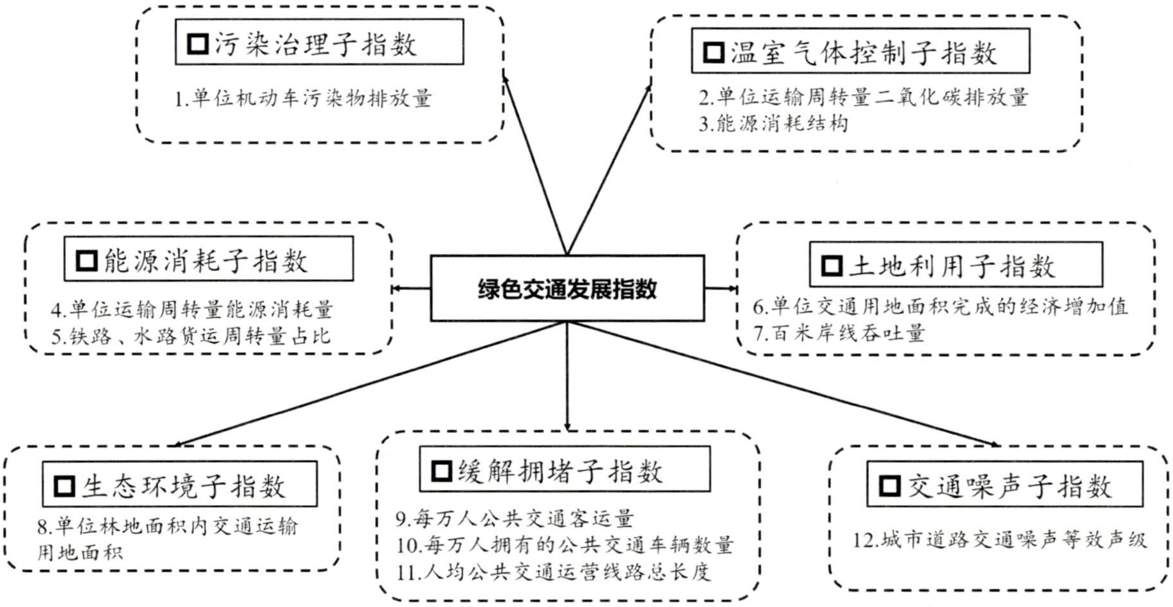

图 6-1 绿色交通发展指数体系

二、我国绿色交通发展指数体系的标准化处理

由于本研究选取的评价指标的物理意义、计量单位及原始度量尺度不同，绿色交通发展指数不能通过基础指标直接加总得到，需要消除基础指标的量纲所带来的影响，故需要对基础指标进行无量纲化处理。很多研究中采用了极差标准化方法，对指标进行无量纲化处理。该方法是以指标年内数据的最大值和最小值为参考系，以具体指标数值偏离极差的程度来对指标数值进行标准化的处理。该方法在过往的实践中体现了较强的科学性和适用性，满足了指标的无量纲化及度量尺度归一化的要求。但该方法具有以下不足：由于指标的换算均采用各年内指标自身的局域性参考系（即使用当年某评价指标最大值和最小值），

而不是全局、通用的基础参考系，各基础指标及由此加权而得的省份绿色交通发展指数在数学意义上仅具有相对的横向（空间）可比性，而不具备跨年度的纵向（时间）可比性，无法有效刻画绿色交通发展指数同时在时空双重维度上的发展变化趋势。因此，本书采用通用性更强、实际操作简便、指标的数学理论含义清晰的定基极差法来进行绿色交通发展指数评价指标的数值测算，将参考系进行固定，可以较为清晰地纵向比较各个年份的数据，并进行科学评价。

（一）标准化转换

定基极差法采用某特定年为基准年（综合考虑数据的可获性和质量，本书选择2013年为基准年），以类似标准极差法的数学形式实现基础指标的无量纲化转换，其中正向指标[1]的数学表达形式为：

$$C_{kt}=\frac{V_{kt}-V_{k,\min,0}}{V_{k,\max,0}-V_{k,\min,0}} \tag{6-1}$$

负向指标[2]的数学表达形式为：

$$C_{kt}=\frac{V_{k,\max,0}-V_{kt}}{V_{k,\max,0}-V_{k,\min,0}} \tag{6-2}$$

式中：C_{kt}——依据定基极差法计算的第 k 个指标在 t 年的无量纲指标值；

V_{kt}——该指标在 t 年的原始测度值；

$V_{k,\max,0}$——该指标在基准年所有省（自治区、直辖市）的原始测度值中的最大值；

$V_{k,\min,0}$——该指标在基准年所有省（自治区、直辖市）的原始测度值中的最小值。

例如，在测度2018年某省（自治区、直辖市）第 k 个指标的无量纲值时，若该指标为正向指标，则采用2013年为基准年进行求算；其中，2013年表现最好的指数基准值为100，则式(6-1)和式(6-2)可具体表述为：

$$C_{kt}=\frac{V_{kt,\ 2018}-V_{k,\min,2013}}{V_{k,\max,2013}-V_{k,\min,2013}}\times100 \tag{6-3}$$

$$C_{kt}=\frac{V_{kt,\ 2013}-V_{k,\min,2018}}{V_{k,\max,2013}-V_{k,\min,2013}}\times100 \tag{6-4}$$

当计算某年各省（自治区、直辖市）的绿色交通发展指数时，由于采用特定基准年的指标为统一参考系，且各指标具有预定的固定权重值，使各级指标的度量值能真实地反映区域间、年度间的绿色交通发展水平的差异，实现了指数之间的横向（跨区域）、纵向（跨年度）的可比性。

（二）权重的选择

权重是指标重要性的直接体现，确定权重的方法一般分为主观确定权重和客观确定权重。其中，主观确定权重是依据专家意见、经验等判定指标自身的重要性，但可能会导致对某些指标的高估或者低估。客观确定权重是依据指标数据信息的差异性，为指标赋予权重，但可能会忽略指标本身的实际意义与重要程度。因此，本书综合考虑两种方法的优劣势，采用主观和客观相结合的方式确定权重。

① 正向指标表示该指标数值越大，绿色交通发展越好。
② 负向指标表示该指标数值越小，绿色交通发展越好。

1. 主观权重

参考国家发展和改革委员会《绿色发展指标体系》确定权重的方法，将指标分为三类，包括约束性指标、主要监测指标和重要监测指标。根据不同指标的重要程度，按总权重为100%、三类指标权重之比为3 ∶ 2 ∶ 1计算，得到每个约束性指标权重为0.137，每个主要监测指标权重为0.091，每个重要监测指标权重为0.045。具体数据如表6-1所示。

表6-1　绿色交通发展指数指标权重

序号	指标	主观权重	参照依据
1	单位机动车污染物排放量	0.137	《大气污染防治行动计划》《打赢蓝天保卫战三年行动计划》《中共中央　国务院关于全面加强生态环境保护　坚决打好污染防治攻坚战的意见》等文件中确定的约束性指标
2	单位运输周转量二氧化碳排放量	0.137	《“十三五”控制温室气体排放工作方案》《“十三五”节能减排综合工作方案》《中共中央　国务院关于加快推进生态文明建设的意见》等文件中确定的约束性指标
3	能源消耗结构	0.137	《中华人民共和国国民经济和社会发展第十三个五年规划纲要》《中共中央　国务院关于加快推进生态文明建设的意见》《加快推进天然气利用的意见》等文件确定的约束性指标
4	单位运输周转量能源消耗量	0.137	《中华人民共和国国民经济和社会发展第十三个五年规划纲要》《中共中央　国务院关于加快推进生态文明建设的意见》《交通运输节能环保“十三五”发展规划》《能源消耗总量和强度“双控”考核实施方案》等文件中确定的约束性指标
5	铁路、水路货运周转量占比	0.091	《推进运输结构调整三年行动计划（2018—2020年）》等文件中确定的主要监测指标
6	单位交通用地面积完成的经济增加值	0.045	绿色发展重要监测评价指标
7	百米岸线吞吐量	0.045	绿色发展重要监测评价指标
8	单位林地面积内交通运输用地面积	0.045	《关于加强资源环境生态红线管控的指导意见》《中共中央　国务院关于建立国土空间规划体系并监督实施的若干意见》等文件中确定的重要监测评价指标
9	每万人公共交通客运量	0.091	《中共中央　国务院关于加快推进生态文明建设的意见》《绿色出行行动计划（2019—2022年）》《能源生产和消费革命战略（2016—2030）》等文件中确定的主要监测指标
10	每万人拥有的公共交通车辆数量	0.045	《国务院关于城市优先发展公共交通的指导意见》等文件中确定的重要监测评价指标
11	人均公共交通运营线路总长度	0.045	《国务院关于城市优先发展公共交通的指导意见》等文件中确定的重要监测评价指标
12	城市道路交通噪声等效声级	0.045	绿色发展重要监测评价指标

2. 熵值法确定客观权重

熵值法（王富喜等，2013）是一种客观赋权方法，主要根据指标相对变化程度对系统整体的影响来决定指标的权重，相对变化程度大的指标具有较大的权重。在熵值法中运用到了对数，由于标准化后的数值存在负数，因此不能直接使用。为了合理解决负数造成的影响，对标准化的数值进行平移：

$$Z_{kt}= C_{kt}+A \tag{6-5}$$

式中：Z_{kt}——平移后的数值；

A——平移幅度。

指标信息熵值为 e，第 j 个指标的信息熵值为：

$$e_j = -\frac{1}{\ln m}\sum_{i=1}^{m} Y_{ij}\ln Y_{ij} \tag{6-6}$$

式中：m——样本个数；

$Y_{ij}=Z_{ij}/\sum Z_{ij}$。

第 j 个指标的信息效用值为 d_j，信息效用值越大，表明指标越重要，对评价的重要性越大。

$$d_j=1-e_j \tag{6-7}$$

第 j 个指标的权重为：

$$w_j = \frac{d_j}{\sum_{j=1}^{n} d_j} \tag{6-8}$$

表 6-2　熵值法确定的客观权重

序号	指标	客观权重
1	单位机动车污染物排放量	0.063
2	单位运输周转量二氧化碳排放量	0.043
3	能源消耗结构	0.106
4	单位运输周转量能源消耗量	0.044
5	铁路、水路货运周转量占比	0.109
6	单位交通用地面积完成的经济增加值	0.110
7	百米岸线吞吐量	0.109
8	单位林地面积内交通运输用地面积	0.025
9	每万人公共交通客运量	0.096
10	每万人拥有的公共交通车辆数量	0.096
11	人均公共交通运营线路总长度	0.117
12	城市道路交通噪声等效声级	0.082

通过式（6-5）～式（6-8）得到指标的客观权重，结果如表 6-2 所示。

当根据主观赋权法和客观赋权法相结合的方法计算出绿色交通发展指数各分项指标的权重后，通过对指标的主客观权重数值取算数平均值，得到指标最终的权重（如图 6-2 所示）。

绿色交通发展子指数为：

$$A_{jkt} = \sum_{m=1} W_{jkm} \times C_{jkmt} \tag{6-9}$$

绿色交通发展指数为：

$$A_{jt} = \sum_{k=1} A_{jkt} \tag{6-10}$$

式中：A_{jt}——j 省（自治区、直辖市）绿色交通发展指数；

A_{jkt}——j 省（自治区、直辖市）在 t 年的绿色交通发展子指数（k）；

n——子指数的个数，本书中 n=7；

W_{jkm}——j 省（自治区、直辖市）第 k 个子指数第 m 个指标的权重；

C_{jkmt}——j 省（自治区、直辖市）在 t 年第 k 个子指数第 m 个指标的指标值。

指数越大，代表绿色交通发展越好。同理，子指数越大，说明其表现越好。

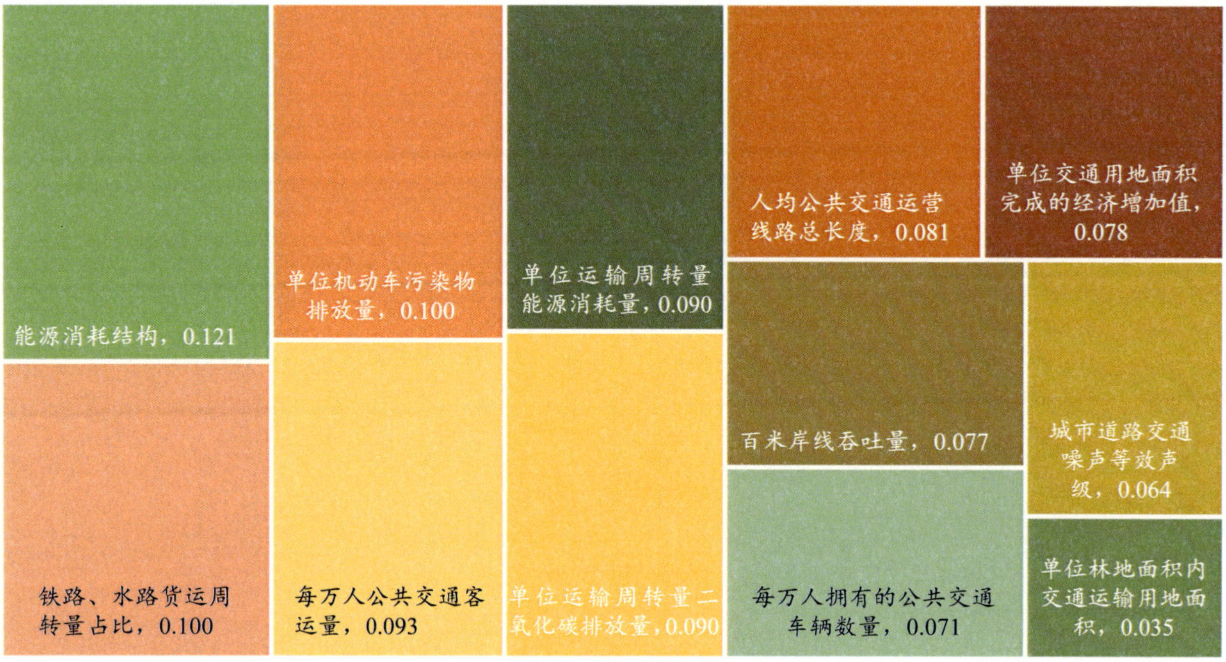

图 6-2　绿色交通发展指数各指标权重

第七章 全国省级绿色交通发展水平

一、我国绿色交通发展指数特点

本书对2013—2018年全国绿色交通发展指数进行了测算和比较[①]。结果表明，绿色交通发展指数从2013年的74.7增长到2018年的81.6，提升了9.2%，我国绿色交通发展水平整体呈稳步提升态势，绿色交通建设取得较大成效（如图7-1所示）。从分领域来看，温室气体控制始终是绿色交通发展指数构成中占比最大的领域，2018年较2013年提升了10%。能源消耗是除温室气体控制领域外绿色交通发展指数构成中的另一重要贡献领域，从2013年到2018年提升了1.2%。污染治理子指数提升最快，2018年较2013年提升约26%。其次是土地利用子指数，提升约25%。缓解拥堵子指数提升8%左右。而生态环境子指数、交通噪声子指数两个子指数从2013年到2018年均有所下降，尤其是交通噪声子指数从2013年的4.88下降到2018年的3.70，下降约24%，成为制约绿色交通发展的关键领域。

① 由于数据等原因，西藏自治区、香港特别行政区、澳门特别行政区和台湾地区未参与测算。

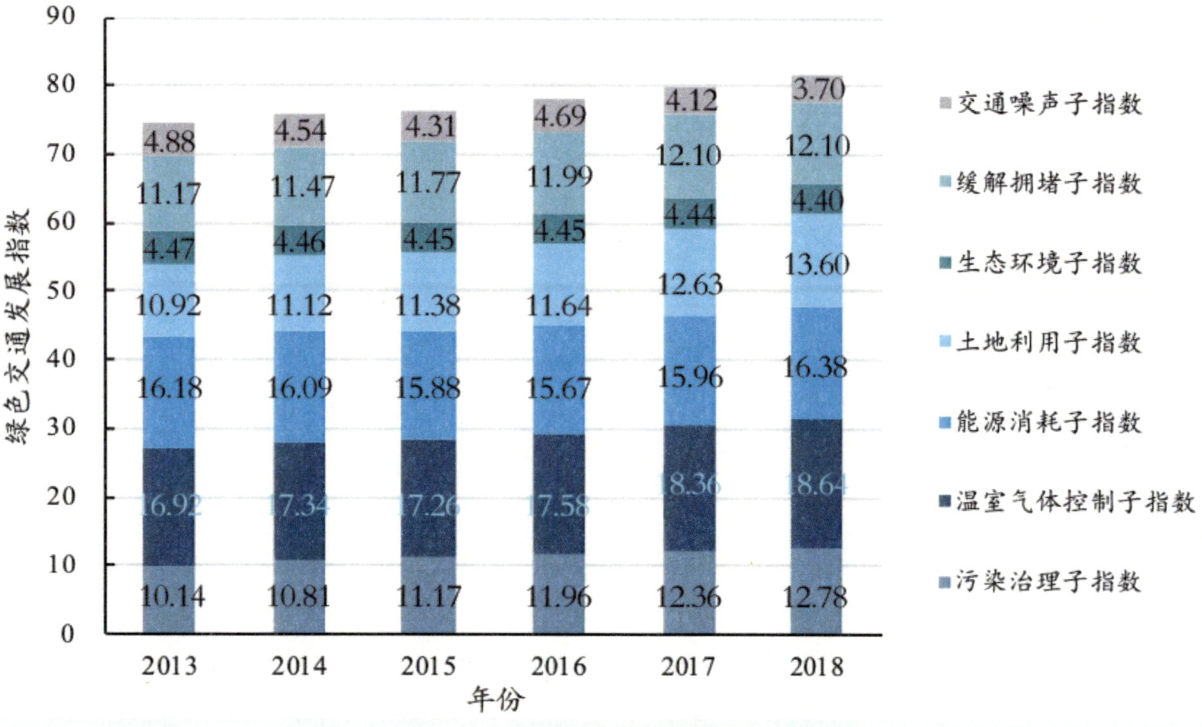

图7-1 2013—2018年绿色交通发展指数

二、2018 年我国绿色交通发展指数的区域特点

（一）全国各省份绿色交通发展呈现不同的发展特征

2013—2018 年，综合考虑绿色交通发展水平和增长水平双因素，将全国 30 个省份区分为四类。一是优势型省份，指绿色交通发展基础具有明显优势，在全国位于前列，增长率也维持在 5%～10% 的省份，主要包括北京、上海和天津。二是发展型省份，指绿色交通发展虽然基础较弱，但近年来绿色交通发展水平有了较大的提升，增长率超过了 15% 的省份，体现绿色交通发展水平在不断提升，主要包括宁夏和云南。三是稳定型省份，指绿色交通发展水平大多位居全国中位，同时近年来也在不断增长的省份，体现绿色交通的平稳发展，主要包括江苏、福建等国内大部分省份。四是衰退型省份，指绿色交通发展基础比较薄弱，而且绿色交通发展水平提升缓慢或者有所下降的省份，这些省份应重点推动绿色交通的发展，充分挖掘绿色交通增长潜力。各省份绿色交通发展特点如图 7-2 所示。

2018 年绿色交通发展指数排名前 5 位的是北京、天津、上海、浙江、广东（如表 7-1 所示）。

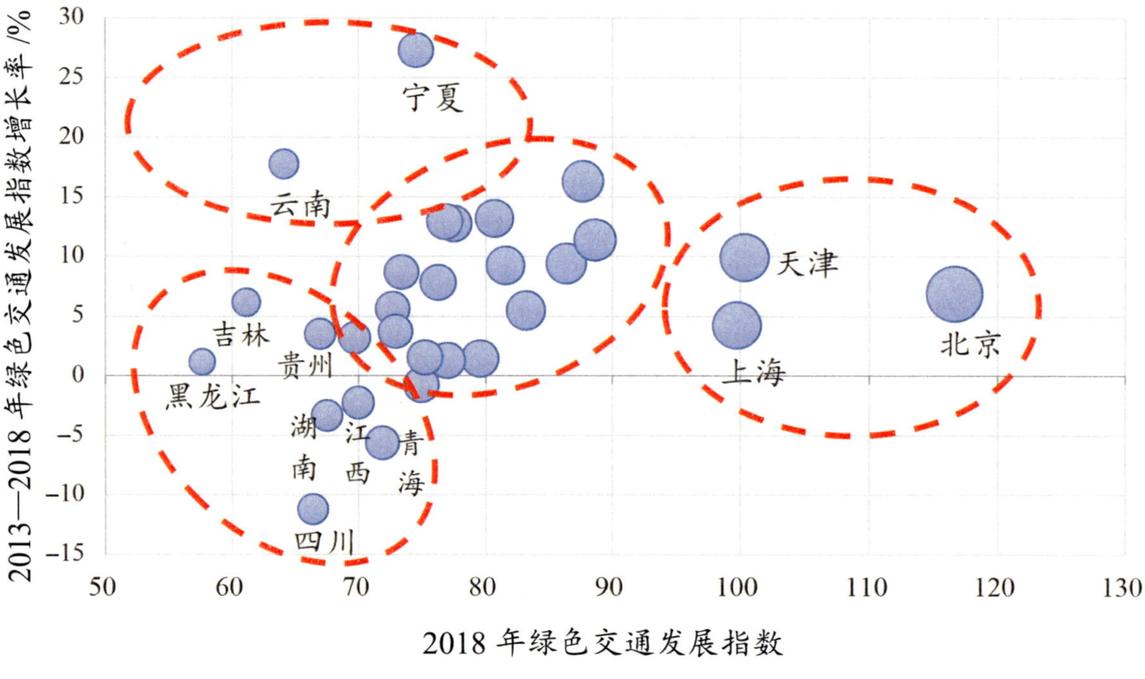

图 7-2　各省份绿色交通发展特点

整体来看，东部省份绿色交通发展水平优于中西部。2013—2018 年绿色交通发展指数排名上升位次最多的是河南和宁夏，均上升了 10 位。未来中西部省份在着力发展经济的同时，也应当更好地贯彻落实绿色发展理念，提升绿色交通水平。

表 7-1 各省份绿色交通发展指数

省份	2013 年	2014 年	2015 年	2016 年	2017 年	2018 年
北京	109.08	110.64	110.29	112.25	114.16	116.60
天津	91.27	91.88	92.64	95.26	97.11	100.32
河北	78.85	80.12	80.57	80.46	82.11	83.17
山西	68.81	70.42	66.67	75.65	75.16	72.69
内蒙古	67.51	69.22	67.84	75.01	75.94	73.39
辽宁	67.53	64.49	66.40	66.95	67.05	69.68
吉林	57.55	54.73	53.71	54.93	59.84	61.10
黑龙江	56.97	54.45	50.05	53.05	55.78	57.62
上海	95.69	92.15	93.95	94.84	97.26	99.74
江苏	78.95	77.49	79.13	79.18	81.40	86.38
浙江	79.59	79.86	81.74	83.59	85.45	88.65
安徽	78.42	74.96	77.05	78.67	78.83	79.55
福建	75.99	75.77	76.61	75.36	75.16	76.97
江西	71.58	70.24	71.69	71.54	70.98	69.96
山东	75.51	73.25	72.84	74.81	73.42	74.93
河南	68.72	68.31	68.06	69.39	73.91	77.47
湖北	70.72	68.69	70.28	73.45	73.19	76.25
湖南	69.80	67.59	66.82	69.25	67.85	67.48
广东	75.39	75.93	82.65	79.63	82.17	87.69
广西	70.29	69.01	69.57	70.71	70.50	72.91
海南	71.28	77.53	78.23	79.97	79.41	80.69
重庆	74.65	75.98	74.16	75.99	78.56	81.56
四川	74.73	66.97	68.10	64.59	64.55	66.36

省份	2013 年	2014 年	2015 年	2016 年	2017 年	2018 年
贵州	64.65	62.91	55.97	58.89	62.88	66.93
云南	54.41	52.28	56.47	57.33	63.37	64.07
陕西	74.08	71.51	72.48	73.85	74.73	75.22
甘肃	67.99	69.65	74.24	78.31	77.59	76.78
青海	76.17	73.33	72.21	71.04	71.33	71.89
宁夏	58.53	74.40	73.61	76.69	77.25	74.52
新疆	64.85	67.12	64.46	64.13	70.76	71.18

分领域来看，2018 年各省份不同领域对绿色交通发展的贡献具有不均衡性。如北京、天津、上海、浙江、广东、江苏等绿色交通发展水平排名靠前的省份，在温室气体控制、能源消耗、污染治理、土地利用、缓解拥堵等领域的排名也相对靠前，但在生态环境和交通噪声等领域则排名相对靠后。而云南、内蒙古、青海、广西、黑龙江等省份虽然整体排名相对靠后，但在生态环境领域排名则相对靠前。因此，应充分认识各省份的绿色发展领域特点，对于优势领域要继续保持，对于劣势领域要努力弥补，出台具有针对性的政策和建议。

从构成绿色交通发展指数的各项子指数排序来看，污染治理子指数排名前 5 位的省份分别为天津、浙江、北京、江苏和广东，主要为东部省份；温室气体控制子指数排名前 5 位的省份分别为北京、天津、河南、河北和甘肃；能源消耗子指数排名前 5 位的省份分别为上海、海南、浙江、福建和天津；土地利用子指数排名前 5 位的省份分别为北京、广东、天津、安徽和上海；生态环境子指数排名前 5 位的省份分别为云南、内蒙古、黑龙江、四川和广西，主要集中在中西部地区；缓解拥堵子指数排名前 5 位的省份分别为北京、上海、青海、宁夏和天津；交通噪声子指数排名前 5 位的省份分别为云南、宁夏、新疆、河南和重庆（如图 7-3 所示）。

（二）绿色交通发展水平和地区人均 GDP 具有明显的相关性

2018 年各省份绿色交通发展指数和地区人均 GDP 的相关关系如图 7-4 所示。2018 年各省份绿色交通发展指数和人均 GDP 的相关系数高达 0.84，表明社会经济发展与交通运输绿色化程度存在极大正相关关系，发达地区民众的交通运输需求已由基本满足出行需求向绿色环保等更高要求转变，交通运输方式实现了高质量转变。另外，尽管福建、山东等省份人均 GDP 排在全国前列，但绿色交通发展指数与经济发展水平不协调，绿色交通发展指数仍有进一步提升空间。未来这些省份需要重视绿色交通，实现经济和绿色交通的均衡和可持续发展。

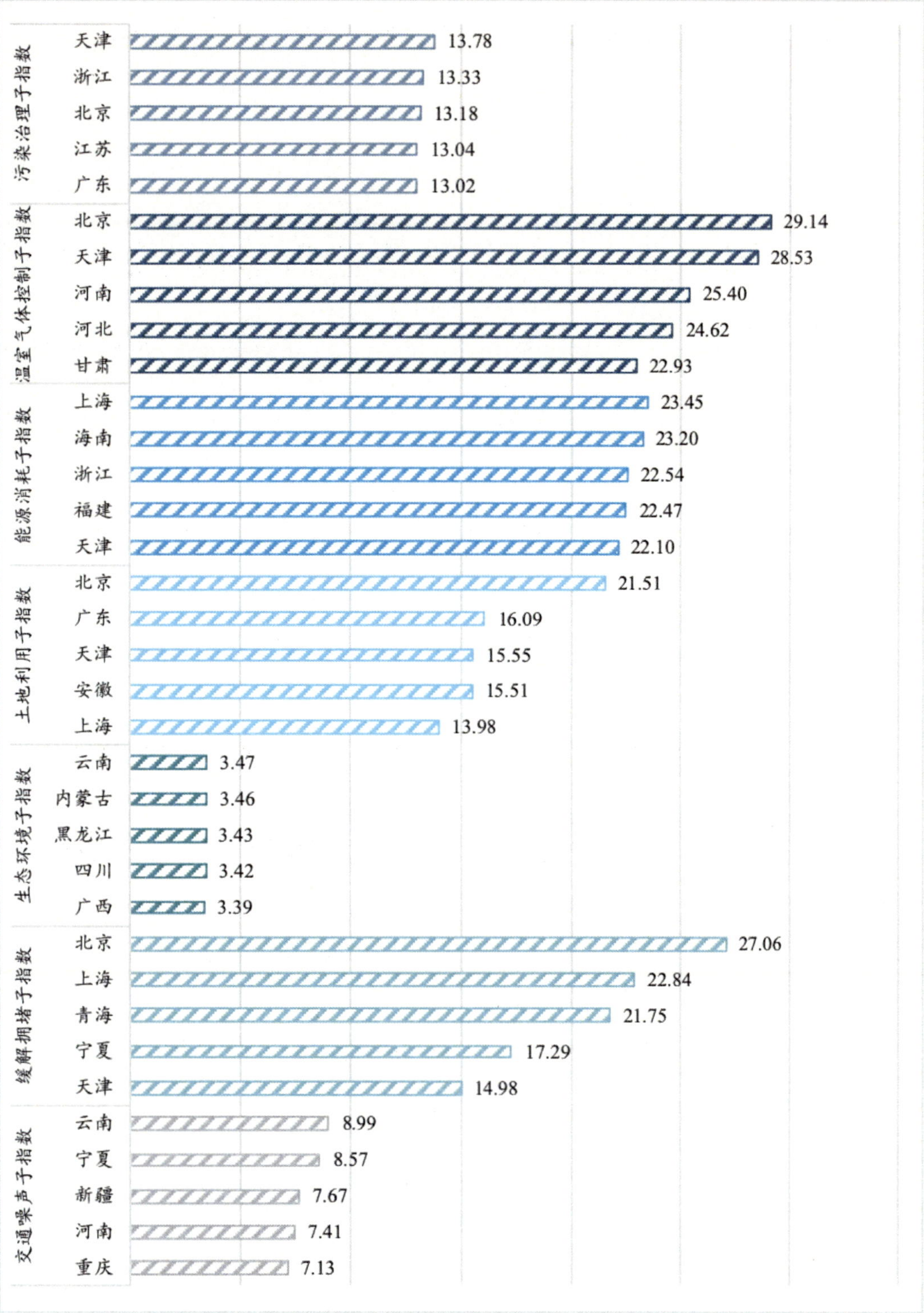

图 7-3　2018 年绿色交通发展指数各项子指数前 5 名省份

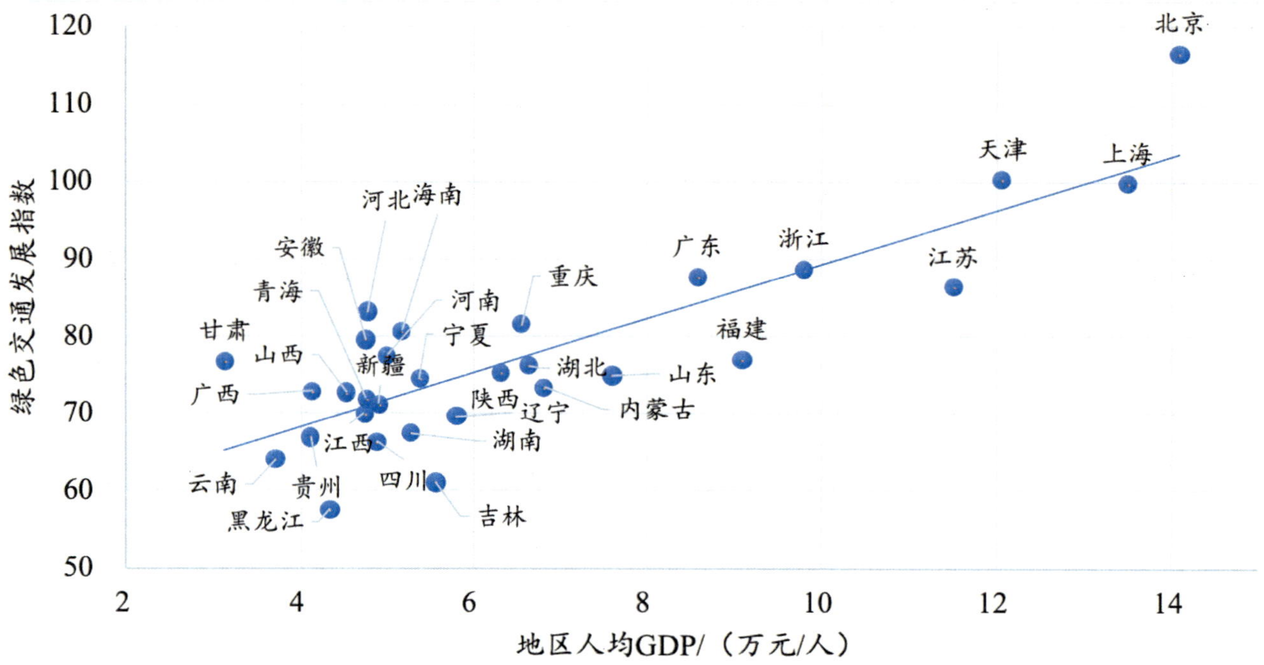

图 7-4　2018 年各省份绿色交通发展指数和地区人均 GDP 的相关关系

三、我国绿色交通发展子指数特点

（一）污染治理子指数

全国污染治理子指数不断提升，2018 年污染治理子指数相比 2013 年提升了约 26%（如图 7-5 所示）。近年来，环境污染特别是机动车污染成为全国污染防治关注的重点，国家积极推动机动车污染防治。《中共中央　国务院关于全面加强生态环境保护　坚决打好污染防治攻坚战的意见》《打赢蓝天保卫战三年行动计划》《推进运输结构调整三年行动计划（2018—2020 年）》等文件都对机动车的污染防治提出了明确的要求。

我国机动车污染物排放标准也在逐步提升（如图 7-6 所示）。从 2013 年 7 月 1 日起，汽油重型车实施国Ⅳ标准（轻型汽油车排放的国Ⅳ标准已从 2011 年 7 月 1 日开始实施）。目前，全国范围内已实施国家第五阶段机动车污染物排放标准。另外，我国淘汰黄标车和老旧车的力度也不断加大。2014—2017 年，我国累计淘汰黄标车及老旧车 2 064 万辆，多个省份全部或基本淘汰黄标车，NO_x、颗粒物等污染性气体排放量大大减少。机动车污染治理取得了良好的效果，为绿色交通发展作出了重要的贡献。

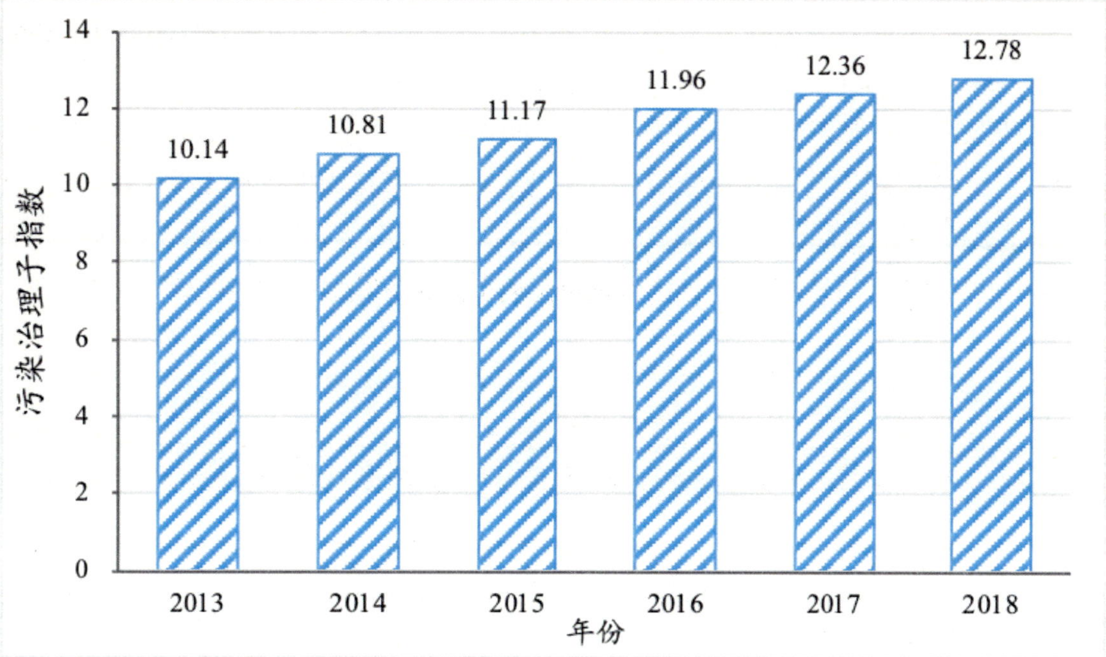

图 7-5 2013—2018 年污染治理子指数

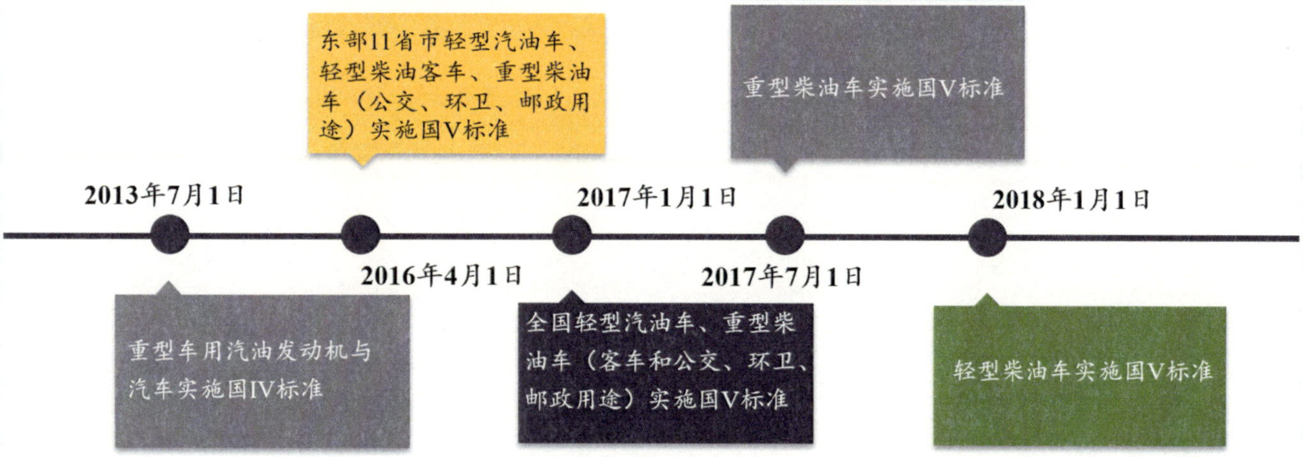

图 7-6 2013—2018 年我国机动车污染排放标准实施情况

发达地区机动车污染治理水平较高（如表 7-2 所示）。2018 年污染治理子指数排名前 5 位的省份依次是天津、浙江、北京、江苏、广东，这与这些地区机动车污染治理措施严格密切相关。在这 5 个地区，2016 年或之前已实施机动车国Ⅴ排放标准，而全国范围的国Ⅴ排放标准实施时间为 2017 年 7 月。污染治理子指数排名上升最快的省份是吉林，从 2013 年的第 27 位上升到 2018 年的第 7 位。2012 年 12 月 31 日，吉林印发了《吉林省人民政府办公厅关于进一步推进机动车污染减排工作的意见》，强调加快高排放、重污染机动车淘汰更新，建立健全机动车污染防治和淘汰报废制度。2013 年以来，吉林不断推进淘汰高排放车辆、升级车辆结构，从严监管柴油货车、区域限行、检测维修，开展非道路移动机械申报登记，禁用高排放非道路移动机械。吉林强有力的政策措施有效减少了机动车污染物的排放，机动车污染排放总量有了明显的下降。

表 7-2　2013—2018 年污染治理子指数

省份	2013 年	2014 年	2015 年	2016 年	2017 年	2018 年
北京	130.00	132.82	134.75	136.65	127.83	132.47
天津	122.36	124.73	114.81	125.23	127.72	138.50
河北	93.72	101.11	107.76	120.60	122.36	126.75
山西	82.88	90.71	95.17	104.74	124.86	126.77
内蒙古	70.96	77.88	81.38	94.06	124.69	127.43
辽宁	101.34	107.85	112.68	118.69	121.85	125.11
吉林	70.32	80.33	80.67	96.95	128.27	129.35
黑龙江	53.80	64.08	71.92	83.18	120.11	125.97
上海	117.43	121.03	124.38	129.03	118.66	124.71
江苏	117.08	121.97	126.58	130.61	126.81	131.05
浙江	128.59	132.12	134.44	137.09	130.46	133.92
安徽	107.70	112.38	116.35	122.83	121.14	126.06
福建	121.02	125.34	129.60	132.27	123.33	129.99
江西	85.70	95.42	102.29	111.95	119.35	126.33
山东	116.80	122.74	126.45	130.03	120.84	128.53
河南	92.45	106.18	107.65	124.79	129.34	127.97

省份	2013 年	2014 年	2015 年	2016 年	2017 年	2018 年
湖北	96.48	104.90	112.24	120.53	120.60	128.98
湖南	106.82	112.11	115.84	123.64	121.08	128.23
广东	104.00	112.26	117.32	123.13	124.66	130.86
广西	93.23	104.72	108.77	118.11	109.38	120.63
海南	107.32	114.97	111.11	120.44	119.52	128.11
重庆	93.73	100.98	106.03	113.22	121.67	127.96
四川	115.57	121.72	125.44	129.03	122.77	127.94
贵州	100.48	105.89	109.76	116.32	120.18	127.89
云南	84.72	90.72	94.57	102.89	135.70	125.49
陕西	95.94	103.00	108.21	113.44	123.95	129.00
甘肃	30.00	44.25	79.28	88.64	90.61	92.95
青海	76.63	82.82	80.08	81.02	83.27	84.88
宁夏	72.53	80.80	65.29	102.96	125.25	109.85
新疆	35.03	49.45	51.14	67.80	126.19	125.49

（二）温室气体控制子指数

2013—2018 年，全国温室气体控制子指数提升了 10.2%（如图 7-7 所示）。温室气体控制是绿色发展的重要方面，也是国际、国内关注的重点。我国历来高度重视温室气体排放所引起的问题。2015 年，我国向《联合国气候变化框架公约》秘书处提交了国家自主贡献文件，提出了 2030 年温室气体达峰的明确目标。交通运输部印发的《交通运输节能环保“十三五”发展规划》中明确了排放强度进一步下降的要求，如营运货车单位运输周转量二氧化碳排放到 2020 年相比于 2015 年下降 8%。各省份也都明确提出了交通领域的碳排放目标，如上海市在《上海市国民经济和社会发展第十三个五年规划纲要》中提出了交通行业碳排放达峰路径。经测算，全国交通行业单位周转量温室气体排放强度从 2013 年的接近 0.39 t/（万 t·km）减少到 2018 年的 0.34 t/（万 t·km）左右，显著推动了交通行业的绿色发展。

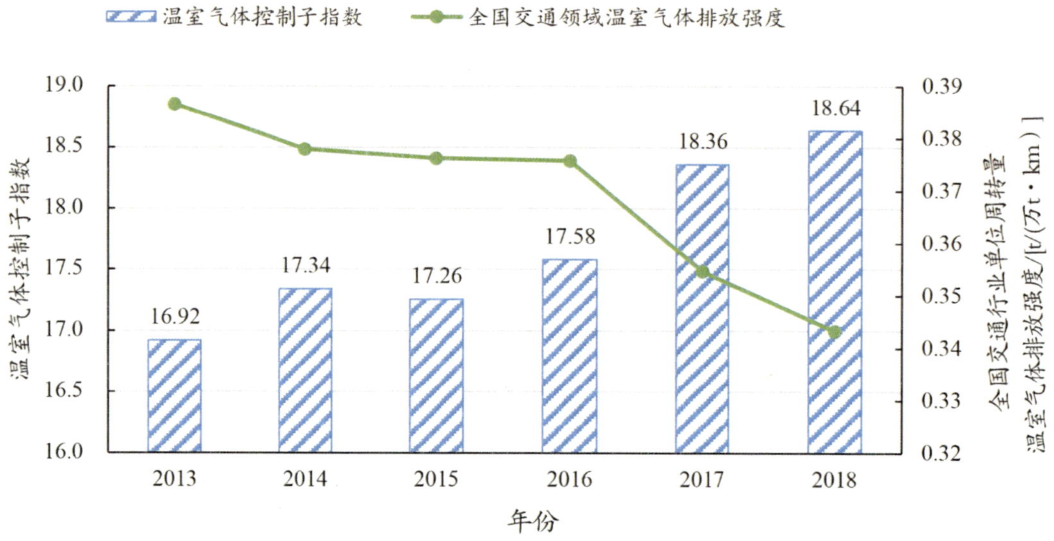

图 7-7　温室气体控制子指数和全国交通领域温室气体排放强度

东部地区在温室气体控制方面有相对明显的优势（如表 7-3 所示）。2018 年，温室气体控制子指数排名前 10 位的省份分别是北京、天津、河南、河北、甘肃、上海、陕西、山西、浙江和海南，东部地区的发展优势相对比较明显。河北、陕西等省份一直位居全国前列，但近年温室气体控制排名略有下降。山西控制温室气体的效果最为明显，在全国的排名从 2013 年的第 27 位提升到了 2018 年的第 8 位，碳排放强度从 2013 年的 0.43 t/（万 t·km）下降至 2018 年的 0.37 t/（万 t·km），降幅达到 14.0%，清洁能源占比从 2013 年的 7.2% 上升至 2018 年的 8.7%，升幅达到 20.8%。这些变化源于近年山西积极推进“公交都市”创建工作，例如 2016 年年底，太原市 8 292 台巡游出租汽车全部更换为纯电动汽车。另外，山西针对性地实施了柴油货车污染防治攻坚战，省政府印发了《山西省深化柴油货车和散装物料运输车污染治理实施方案》，建立了推动柴油货车和散装物料运输车污染治理的长效机制，通过提升燃油效率以减少二氧化碳及污染物排放。

清洁能源的使用是控制温室气体的重要措施和手段。清洁能源（如天然气）的单位热值温室气体排放系数仅为原油的 3/4，交通运输领域电力温室气体排放系数为零（统一在电力行业核算），减少了对化石能源的依赖，对减排温室气体具有重要意义。本书分析了我国 30 个省份清洁能源占比和单位周转量二氧化碳排放量的关系（如图 7-8 所示），两者的相关系数为 0.523%，二者具有比较明显的相关性，即清洁能源占比越高，对控制温室气体排放的效果越明显。因此，未来应继续

表 7-3 2013—2018 年温室气体控制子指数

省份	2013 年	2014 年	2015 年	2016 年	2017 年	2018 年
北京	24.39	24.30	25.43	26.98	28.10	29.14
天津	21.41	21.24	23.88	25.39	26.94	28.53
河北	23.54	24.83	24.71	24.12	24.54	24.62
山西	13.01	19.64	16.56	18.73	19.58	20.20
内蒙古	15.77	16.02	16.05	17.06	17.79	18.59
辽宁	14.59	14.50	14.82	15.18	15.30	15.79
吉林	15.43	15.28	15.17	15.22	15.51	15.85
黑龙江	11.82	12.83	12.01	12.97	11.94	12.26
上海	19.54	19.68	19.89	19.44	21.34	22.65
江苏	15.36	15.42	15.59	15.88	16.60	17.22
浙江	17.26	17.72	18.00	18.90	19.30	19.79
安徽	17.40	17.29	17.42	17.98	18.17	18.39
福建	16.16	16.65	16.85	17.17	17.79	18.54
江西	17.13	17.30	17.72	18.46	18.50	18.54
山东	17.32	17.49	17.98	18.33	18.38	18.71
河南	20.73	19.65	20.31	22.48	23.93	25.40
湖北	15.50	15.73	16.05	15.30	15.83	16.32
湖南	16.31	16.12	15.66	15.91	16.71	17.18
广东	14.32	15.35	17.07	14.93	15.92	16.56
广西	16.08	16.14	16.14	16.55	16.87	17.46
海南	15.95	16.28	16.26	17.98	18.60	19.23
重庆	14.04	14.90	14.11	14.35	14.18	14.52
四川	20.05	16.69	16.70	14.51	14.73	15.33
贵州	14.47	14.85	13.17	12.94	15.90	17.76
云南	9.81	9.50	10.57	11.06	12.06	12.58
陕西	20.13	20.40	20.35	20.69	21.12	21.55

省份	2013 年	2014 年	2015 年	2016 年	2017 年	2018 年
甘肃	20.82	20.88	21.31	21.52	22.27	22.93
青海	15.30	16.51	15.70	15.10	15.14	15.57
宁夏	6.33	17.03	16.49	16.14	15.59	15.84
新疆	13.38	14.12	13.69	12.01	13.69	14.80

加强推广清洁能源在交通运输领域的应用，尤其是货运领域中的清洁能源应用，大力推进国III及以下营运柴油货车提前淘汰更新，推广节能与新能源货运车辆（混合动力汽车、电动汽车、燃料电池汽车）和其他替代能源（LNG、生物质燃料等）车辆以控制交通运输领域的温室气体排放。

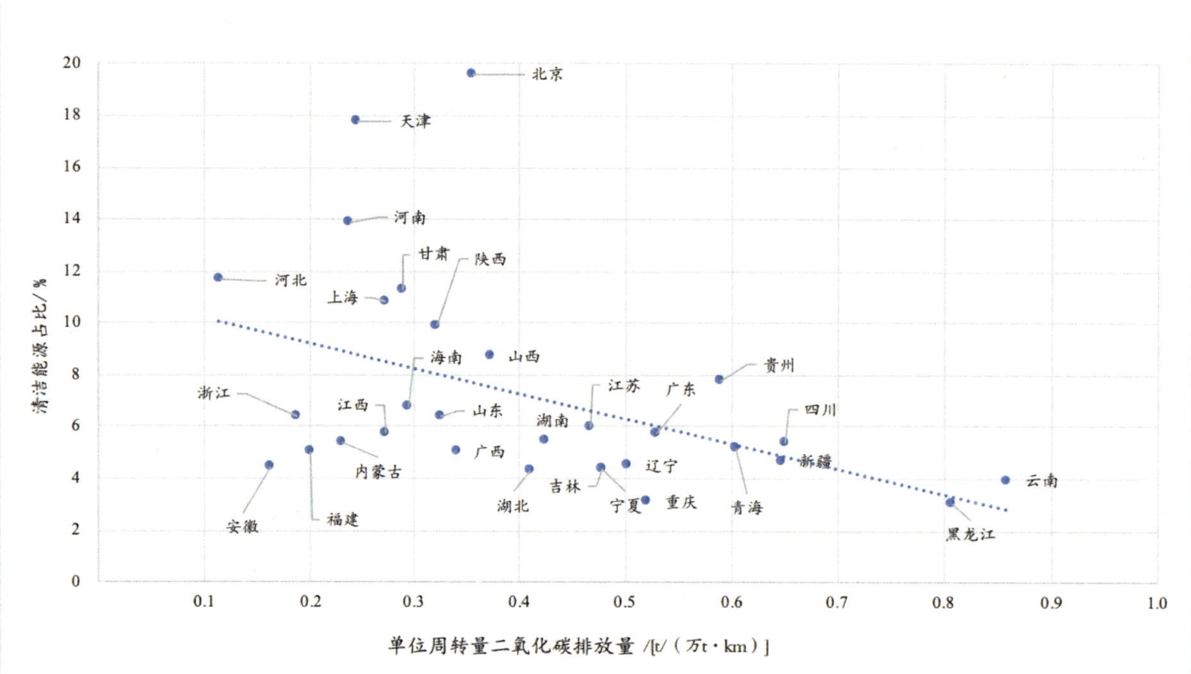

图 7-8　2018 年各省份单位周转量二氧化碳排放量与清洁能源占比的相关关系

（三）能源消耗子指数

2013—2018 年，全国能源消耗子指数呈现出先下降后提升的波动发展趋势（如图 7-9 所示）。公路货运能源消耗一直在交通运输行业能源消耗中占主导地位，占比高达 70%。2013—2018 年，公路货运周转量大幅提升，从 2013 年的 63 208 亿 t·km 增长到 2018 年的 87 234 亿 t·km，增长了 38%，占比从 47.2% 增加到 52.1%。我国交通运输能源消耗也出现大幅提升，从 2013 年的 23 933 万 t 标准煤增长到 2018 年的 29 566 万 t 标准煤，增长了 23.5%，而相同时间段内全国能源消耗量仅增加了 11.2%。交通运输能源消耗增速快于全国能源消耗增速，交通运输领域能源消耗的显著增长成为绿色交通发展的主要制约因素。2016 年以来，随着运输结构调整的稳步推进，公路货运量增长得到了放缓，2016—2018 年增长率为 8.1%，同期水路、铁路的货运量提升了 13%。全国交通运输的能源消耗增速得到初步控制，提升了绿色交通发展水平，能源消耗子指数呈现出了先下降后提升的趋势。

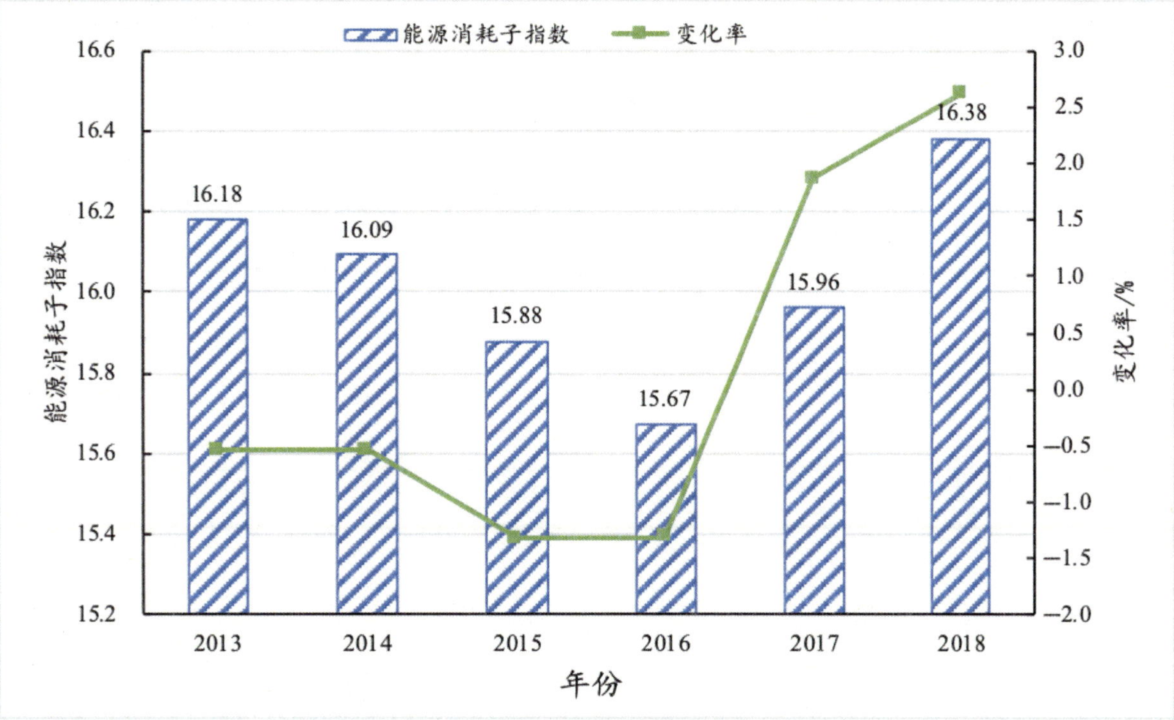

图 7-9 能源消耗子指数及其变化率

各省份能源消耗呈现明显的差异性。2018 年，能源消耗子指数排名前 10 位的省份是上海、海南、浙江、福建、天津、北京、广东、江苏、安徽、甘肃（如表 7-4 所示）。其中，天津、安徽、甘肃等省份一直位居全国前列，发展增速有所放缓。而广东能源消耗子指数排名提升最为明显。2013—2018年，广东加快推进大宗货物运输"公转铁""公转水"，积极鼓励多式联运发展。截至2018年年底，全省多家企业、协会成立多式联运发展企业联盟，国家级多式联运示范项目达到3个，省级示范项目有35个，使广东单位周转量能源消耗从2013年的0.336 t/（万tkm）下降到2018年的0.303 t/（万tkm），下降了9.8%。

表7-4　2013—2018年能源消耗子指数

省份	2013年	2014年	2015年	2016年	2017年	2018年
北京	20.06	19.75	19.22	18.76	19.84	20.12
天津	22.22	22.11	22.38	22.17	22.02	22.10
河北	16.43	16.34	15.95	15.63	15.86	15.70
山西	18.91	17.72	16.78	16.74	16.79	16.87
内蒙古	16.54	15.76	14.50	15.19	15.76	15.93
辽宁	13.30	13.46	13.21	13.15	13.55	15.35
吉林	11.57	10.73	9.57	10.09	10.89	11.14
黑龙江	13.71	12.02	10.32	10.45	12.14	12.77
上海	23.11	23.35	23.50	23.43	23.87	23.45
江苏	17.59	17.53	17.72	17.67	17.74	19.50
浙江	21.43	21.57	21.49	21.68	21.95	22.54
安徽	17.17	16.89	18.26	18.36	18.33	18.23
福建	19.76	20.57	20.94	21.22	21.54	22.47
江西	13.39	13.07	12.90	12.88	12.81	12.58
山东	12.85	12.40	12.23	12.33	12.24	13.43
河南	15.34	14.84	14.59	14.65	14.85	14.83
湖北	16.66	17.02	17.20	16.71	16.72	16.73
湖南	14.87	14.34	13.52	13.23	13.09	13.18
广东	13.97	15.62	19.23	15.71	16.26	19.81
广西	16.69	16.22	15.85	15.87	15.75	15.93
海南	18.24	22.51	23.19	23.63	23.02	23.20

省份	2013 年	2014 年	2015 年	2016 年	2017 年	2018 年
重庆	18.01	18.34	17.73	17.92	17.78	17.95
四川	15.33	13.61	13.31	12.02	12.04	12.60
贵州	14.28	13.49	12.43	11.83	12.89	13.12
云南	8.15	7.27	7.86	7.75	8.43	8.71
陕西	16.03	15.89	15.57	15.45	15.45	15.49
甘肃	19.06	18.31	17.98	17.56	17.82	17.99
青海	19.25	16.18	15.24	14.92	15.00	14.99
宁夏	7.58	12.77	12.33	12.05	12.21	11.94
新疆	13.96	13.12	11.41	11.08	12.25	12.82

运输结构调整对控制能源消费起到了一定的推动作用（如图 7-10 所示）。2018 年以来，《推进运输结构调整三年行动计划（2018—2020 年）》《中共中央　国务院关于全面加强生态环境保护　坚决打好污染防治攻坚战的意见》等中央文件明确提出了减少公路货运量、增加铁路货运量的任务要求。根据统计数据核算，铁路、水路货运的能源强度分别是公路货运的 1/7、1/4。通过运输结构的调整，改变了交通用能需求结构，对抑制能源需求的快速增长起到了积极的作用。整体来看，铁路和水路占比越高，对控制能源消费的效果和提高能源利用效率的效果越显著，例如上海、广东、海南、浙江、福建、天津、辽宁、江苏、安徽等省份有较为完善的铁路网和充足的航道，铁路、水路运输占比较高，在能源消耗效率方面表现较好。因此，应继续推动运输结构调整，提升主要物流通道干线铁路运输能力、优化铁路运输组织模式、完善内河水运网络、推进集疏港铁路建设，推动大宗货物集疏港运输向铁路和水路转移，大力推动多式联运发展。根据测算①，能源强度与运输结构调整的相关性为 0.462%，铁路、水路货运周转量占比与能源强度存在相对比较弱的关系，说明运输结构并不是唯一影响能源消费的因素。2018 年不同省份单位周转量能源强度与铁路、水路货运周转量占比关系如图 7-11 所示。提高货运车队的集约化发展水平、优化运输装备等措施均可以有效控制交通能源消费。对比铁路、水路货运周转量占比相似的河北和河南（两省 2018 年铁路、水路货运周转量占比均在 41% 上下），由于河北运输主要集中在钢铁、煤炭等大宗货物上，且运输更多为原材料地到工业园区的点对点运输，专业化、大型化运输车辆和集约化车队运输较多，而河南的零散性运输相对较多，因此河北交通运输能耗效率整体较高。

① 除去黑龙江、河北两个偏离过大的数据。

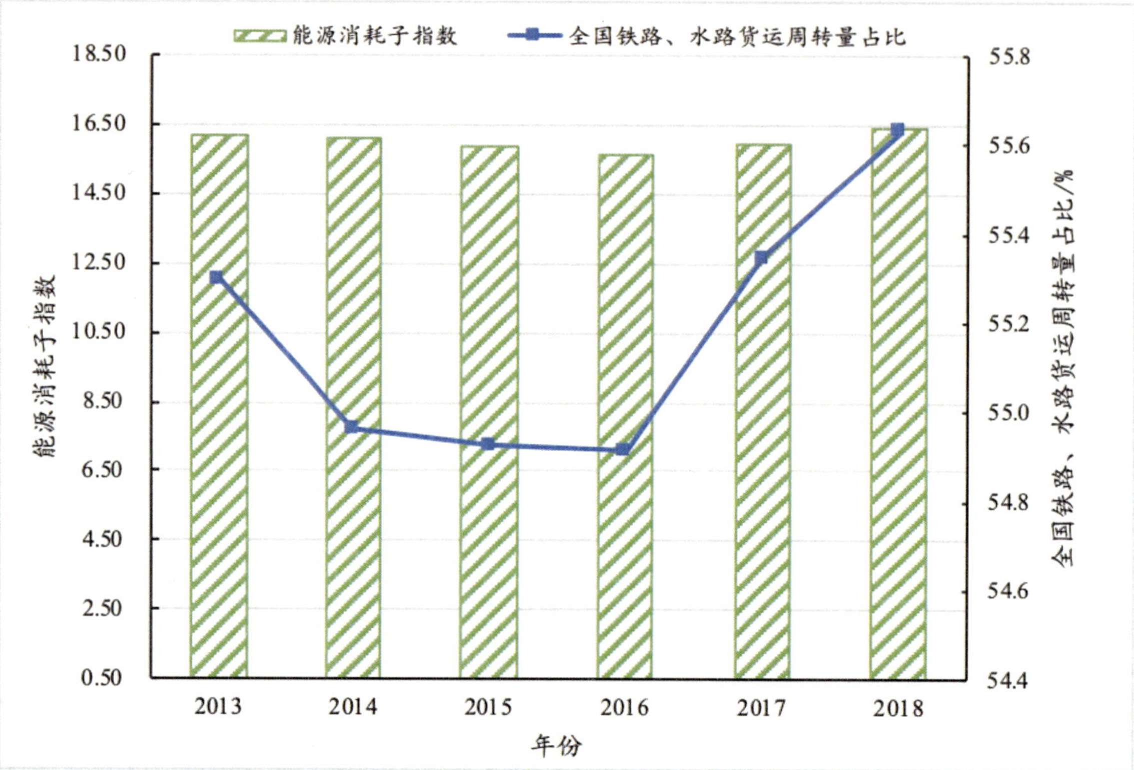

图 7-10　能源消耗子指数与全国铁路、水路货运周转量占比关系

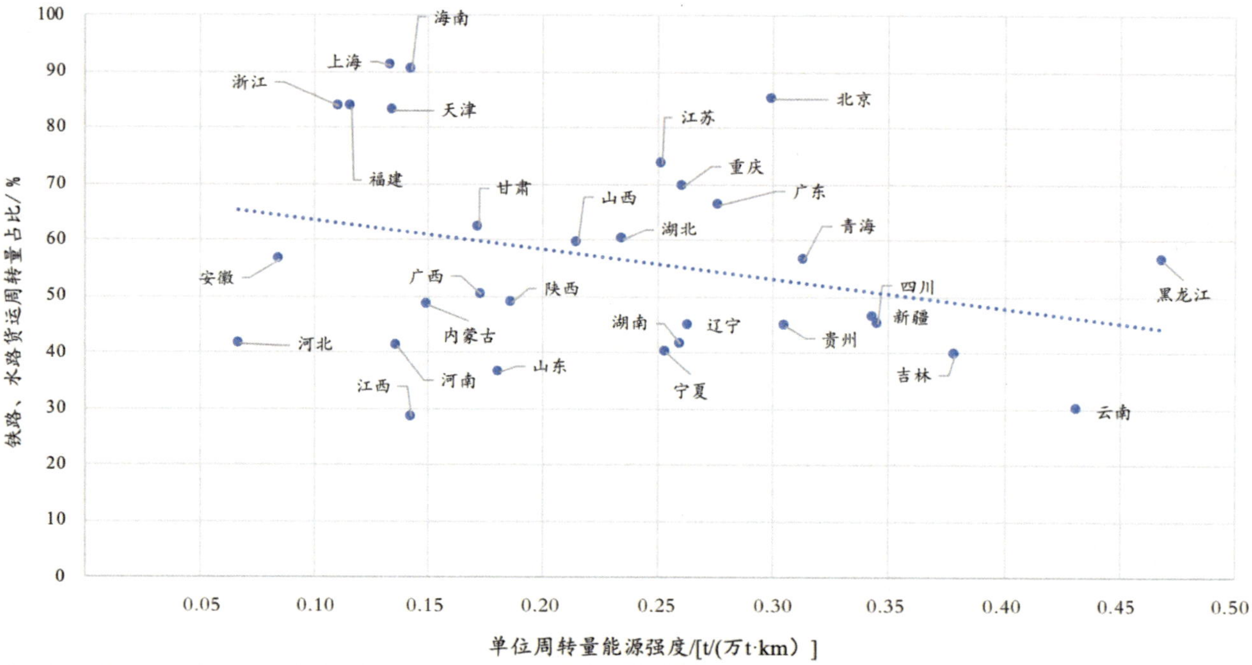

图 7-11　2018 年各省份单位周转量能源强度与铁路、水路货运周转量占比关系

（四）土地利用子指数

全国交通运输土地利用水平稳步提升，2018年较2013年提升了24.5%（如图7-12所示）。过去，我国城镇化进程较快，同时各地为追求GDP的快速增长，粗放、低效型的土地开发模式较多。近年来，一方面我国土地存量有限，土地成本越来越高，倒逼土地管理者高效利用土地；另一方面，我国交通运输主管部门的绿色发展意识不断加强，更加重视交通基础设施土地资源，注重统筹规划，因此交通发展和土地利用规划渐趋科学合理，综合运输通道线位资源、运输枢纽资源、港口岸线资源等交通运输土地资源的集约化程度不断提高。因此，与2013年相比，2018年全国交通运输土地利用水平提升了24.5%；2017年和2018年，土地利用子指数年增长率分别达到8.5%和7.7%，显著高于2013—2016年。

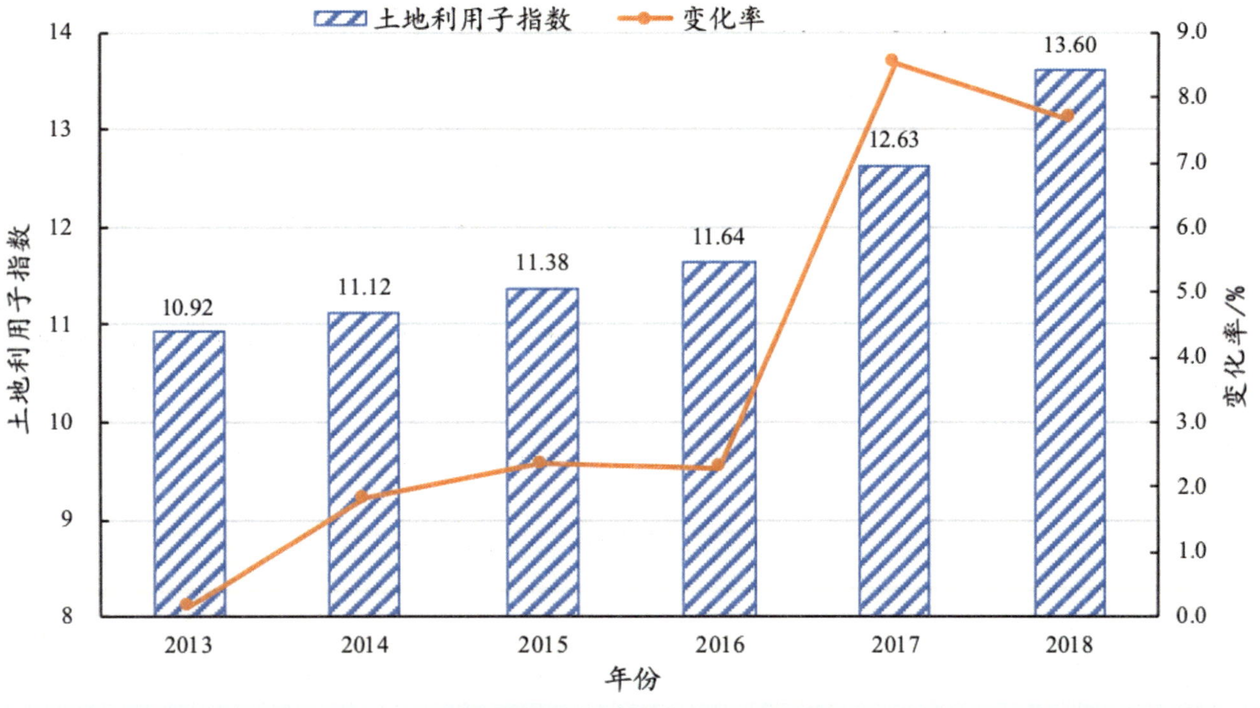

图7-12 土地利用子指数及其变化率

总体来看，发达地区的土地利用效率较好（如表7-5所示）。2018年土地利用子指数排名前10位的省份是北京、广东、天津、安徽、上海、湖北、江苏、山东、重庆、江西，多属于东部较发达地区。

表 7-5　2013—2018 年土地利用子指数

省份	2013 年	2014 年	2015 年	2016 年	2017 年	2018 年
北京	17.10	17.91	18.00	18.62	20.06	21.51
天津	15.92	15.89	15.26	14.82	15.18	15.55
河北	10.57	10.09	9.64	9.45	9.49	9.50
山西	7.53	5.02	5.24	5.16	5.57	5.99
内蒙古	7.04	6.85	6.20	6.12	5.82	5.53
辽宁	7.31	4.88	5.17	4.24	3.69	3.65
吉林	5.65	3.28	4.04	3.21	3.27	3.32
黑龙江	5.71	3.46	3.46	3.46	3.45	3.45
上海	13.65	11.56	11.61	12.06	13.02	13.98
江苏	14.10	11.66	11.91	11.90	12.69	13.49
浙江	9.55	7.17	7.10	7.33	8.49	9.65
安徽	13.38	11.05	12.23	13.12	14.31	15.51
福建	8.19	5.95	6.16	6.23	6.34	6.45
江西	13.03	10.65	10.79	10.66	10.41	10.16
山东	12.61	10.43	10.89	11.24	11.38	11.52
河南	7.26	5.03	5.15	5.27	5.14	5.01
湖北	10.22	8.11	8.49	8.84	11.24	13.65
湖南	11.14	8.81	9.46	9.94	9.53	9.11
广东	14.09	11.86	12.58	13.87	14.98	16.09
广西	11.17	8.83	8.65	8.83	9.26	9.69
海南	7.23	7.60	7.34	7.41	7.82	8.23
重庆	10.20	7.90	8.22	8.70	9.60	10.51
四川	7.27	5.43	5.65	6.01	6.24	6.48
贵州	6.97	4.60	4.72	4.62	4.68	4.73
云南	5.67	3.36	3.67	3.86	4.29	4.72
陕西	6.20	3.88	3.77	3.84	3.83	3.83
甘肃	5.53	5.52	5.40	5.29	5.30	5.32

省份	2013 年	2014 年	2015 年	2016 年	2017 年	2018 年
青海	4.65	4.65	4.70	4.67	4.70	4.74
宁夏	6.86	6.49	6.35	6.25	6.00	5.76
新疆	5.37	5.45	5.54	5.54	5.69	5.83

（五）生态环境子指数

近年来，交通对生态环境的影响总体保持相对稳定、略有下降的趋势；2013—2018 年，生态环境子指数降低 1.5%（如图 7-13 所示）。我国政府高度重视林业建设，全国森林覆盖率已从 1949 年的 8.6% 上升到 2016 年的 18.21%。2013 年以来，交通运输领域以推进供给侧结构性改革为主线，“五纵五横”综合运输大通道全面贯通，基本形成了由铁路、公路、水路、民航等多种运输方式构成的综合交通基础设施网络。与此同时，我国交通运输用地面积有了明显的增加，2013—2018 年增长了 11.4%，快于同期林地面积增长速率（2013—2018 年增长了 4.2%）。由于交通运输基础设施的建设和施工给生态环境带来了一定程度的破坏，导致全国生态环境子指数降低了 1.5%。

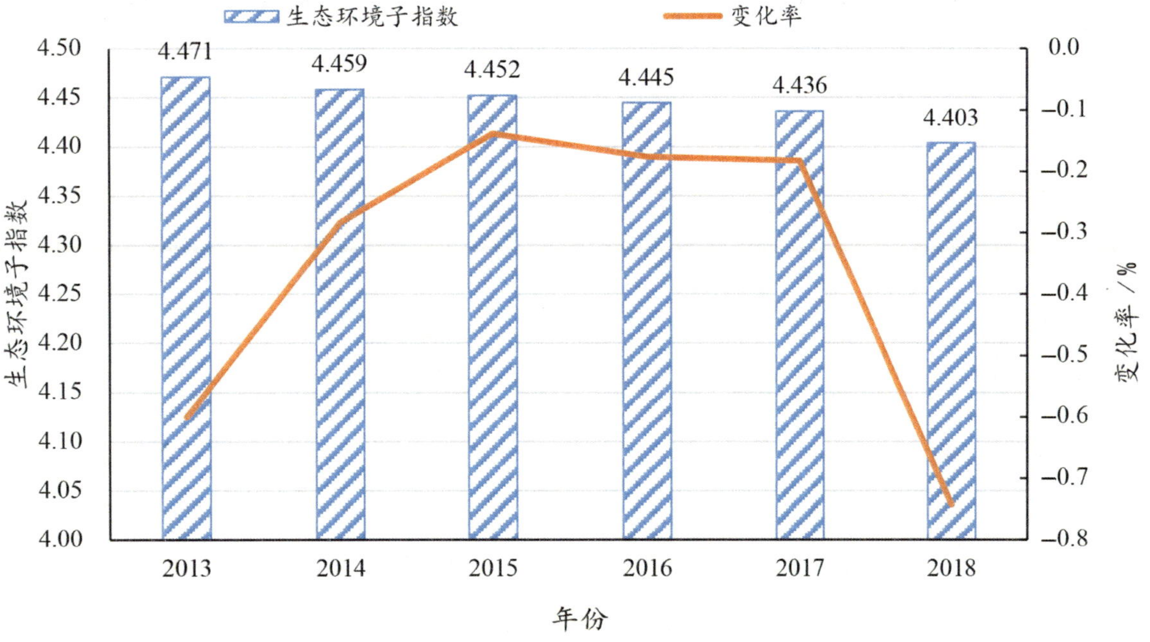

图 7-13 生态环境子指数及其变化率

在全国除黑龙江、上海、北京之外的大部分省份，交通生态环境对绿色交通发展的贡献都出现了不同程度的下降，交通生态环境成为制约绿色交通发展的重要领域（如图 7-14 所示）。云南、内蒙古、黑龙江、四川和广西由于林地相对较多，环境承载率相对较大，始终位居全国前列，但云南、内蒙古、四川和广西的 2018 年生态环境子指数与 2013 年相比仍分别出现了 0.07%、0.25%、0.48% 和 0.17% 的下降。这类省份需要合理规划交通基础设施用地，保护生态环境。考虑到北京、上海等省份由于交通基础设施建设已基本完成，应更多关注基础设施在运维过程中的生态修复和保护，进一步提高环境承载率。

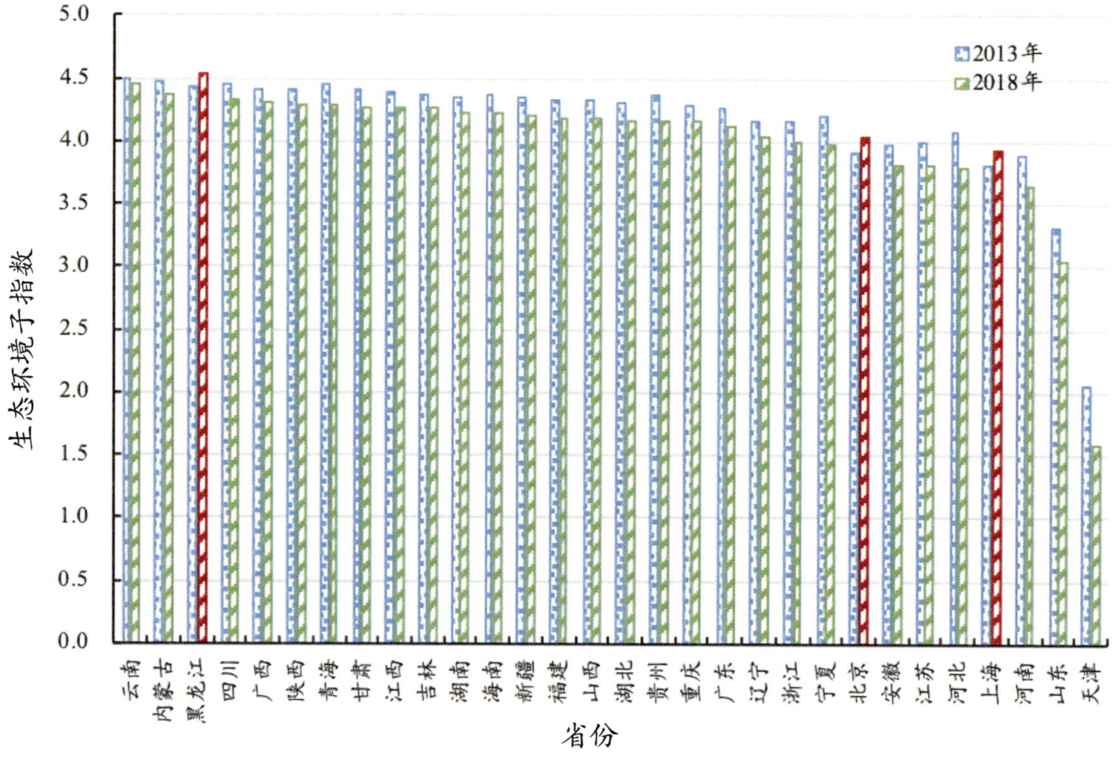

注：红色表示 2018 年生态环境子指数高于 2013 年的省份。

图 7-14　2013 年和 2018 年各省份生态环境子指数

（六）缓解拥堵子指数

2013—2018 年，全国缓解拥堵子指数提升了 8.3%（如图 7-15 所示）。近年来，国家出台了一系列优先发展公共交通、推动绿色出行的政策文件，通过提升绿色出行水平，促进了交通拥堵情况的缓解。于 2013 年印发的《国务院关于城市优先发展公共交通的指导意见》旨在推进城市公共交通优先发展，充分发挥公共交通对改善城市交通状况、促进经济社会协调和可持续发展的作用。2019 年，交通运输部等 12 部门联合印发了《绿色出行行动计划（2019—2022 年）》，以深入贯彻落实党中央、国务院关于开展绿色出行行动等决策部署，进一步提高绿色出行水平。经过近年来的努力，我国的城市客运服务水平得到了大幅的提升。2018年年底，全国公共汽电车运营线路达60 590条，运营线路总长度达119.9万km，全年完成城市客运量1 262亿人次，较2013年分别增长45%、60%、1%。其中，轨道交通运营线路为171条，运营里程达5 295 km，轨道交通完成212亿人次，较2013年分别增长111%、119%、94%。

各地缓解拥堵水平呈现出差异性，发达地区缓解拥堵水平整体较好（如表7-6所示）。2018年，

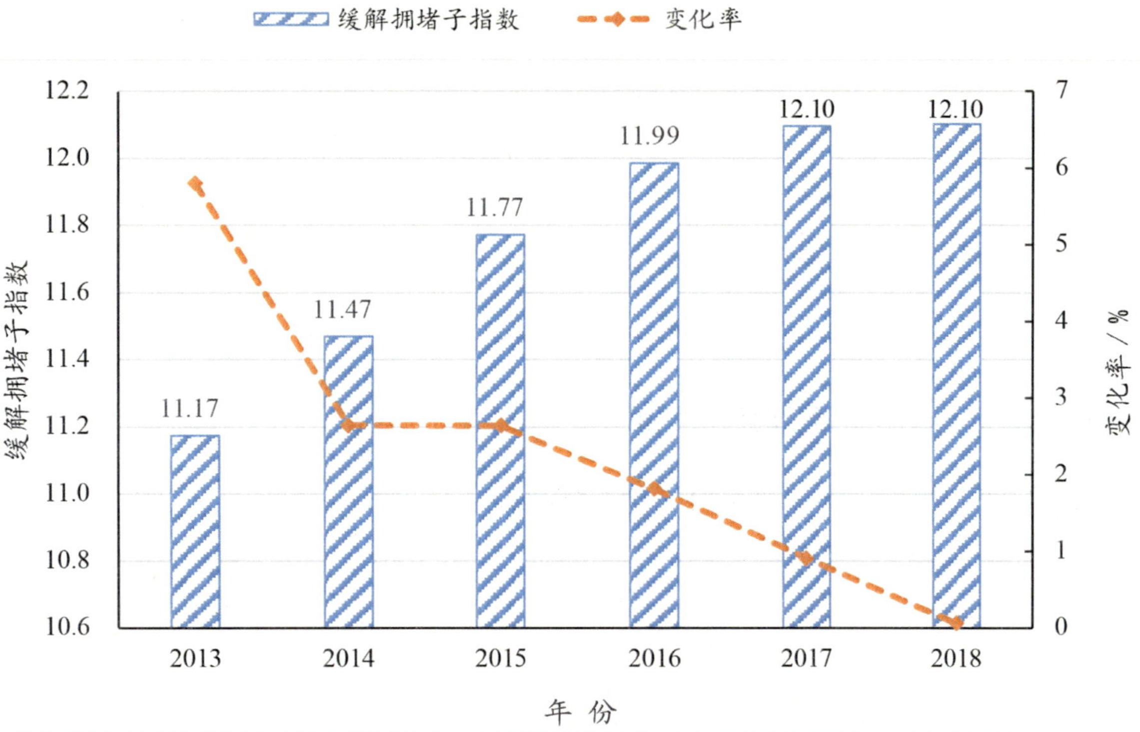

图7-15 缓解拥堵子指数及其变化率

缓解拥堵子指数排名前10位的省份是北京、上海、青海、宁夏、天津、浙江、重庆、江苏、广东和内蒙古。可以看出，公共交通基础设施发展较为完善、人口密度较高（北京、上海、江苏等）的省份以及经济欠发达省份（青海、宁夏等）的缓解拥堵水平相对较高。2013—2018年，缓解拥堵水平提升最大的前5位省份是江苏、浙江、湖北、山西和贵州。其中，江苏是缓解拥堵水平提升最大的省份，主要得益于快速发展的轨道交通。截至2018年年底，南京、苏州、无锡已开通地铁，轨道车辆数达到3 404辆，总运营里程达762.8 km，日均服务410万人次，而对比2013年，江苏省轨道车辆数仅为670辆、总运营里程仅为133 km、日均服务136万人次，分别增长了408%、474%和201%。

表 7-6　2013—2018 年缓解拥堵子指数

省份	2013 年	2014 年	2015 年	2016 年	2017 年	2018 年
北京	28.67	29.53	28.66	28.73	27.87	27.06
天津	13.87	14.53	14.50	15.65	15.18	14.98
河北	9.49	9.24	10.17	10.86	10.93	11.03
山西	10.72	10.01	9.90	11.15	11.66	12.19
内蒙古	12.32	13.36	13.45	14.16	14.20	13.87
辽宁	12.39	12.53	13.25	13.36	13.29	13.39
吉林	11.26	11.44	11.44	11.38	11.95	12.35
黑龙江	10.39	10.93	11.32	11.52	11.42	11.40
上海	20.60	20.98	22.05	22.38	22.90	22.84
江苏	10.61	11.55	12.29	12.55	13.14	14.05
浙江	11.36	12.16	13.30	13.97	14.39	14.70
安徽	8.97	9.58	9.65	8.91	8.93	8.83
福建	10.92	11.40	12.00	10.44	10.63	10.50
江西	8.42	8.29	8.51	8.16	8.86	9.30
山东	12.67	13.05	11.88	11.68	12.02	11.98
河南	7.86	8.01	7.88	8.00	8.19	8.23
湖北	10.02	10.31	10.65	10.98	11.37	11.74
湖南	9.05	9.07	9.34	9.66	9.35	9.20
广东	13.09	13.48	13.39	14.09	14.15	14.04
广西	8.72	8.83	9.09	8.88	9.13	9.43
海南	10.83	11.72	12.61	12.27	11.93	11.65
重庆	13.73	14.02	14.04	14.08	14.32	14.36
四川	10.60	10.91	10.99	11.11	11.25	11.18
贵州	8.87	9.48	9.53	10.13	9.69	10.87
云南	11.35	12.02	12.10	11.81	12.01	12.01
陕西	10.77	11.01	11.03	11.56	11.42	11.40
甘肃	10.64	10.60	10.47	10.61	11.10	11.67
青海	22.69	22.55	22.50	22.91	22.29	21.75
宁夏	17.94	18.15	18.41	17.95	17.58	17.29
新疆	16.64	16.54	16.03	15.62	13.99	13.18

提升公共交通客运量对缓解拥堵[①]的贡献在各地的表现呈现明显差异性。图 7-16 表明，2016—2017 年全国除海口、银川、呼和浩特等省会城市，其他省会城市的拥堵都有了比较明显的缓解，但公共交通客运量的表现却有所不同，如北京和太原 2017 年公共交通客运量较 2016 年出现了下降，降幅分别为 3.6% 和 15.1%，而武汉、成都和沈阳 2016—2017 年公共交通客运量则有所提升，说明公共交通客运量对缓解拥堵的贡献在各地的表现呈现明显差异性。这也在一定程度上表明，提升公共交通客运量不是缓解交通拥堵的唯一方式，治理交通拥堵是一个系统工程，需要协同推进。在发达国家和地区被证明有效的治理对策主要包括：通过行政干预，直接限制车辆的购买和使用；通过拥挤收费，用价格机制引导车辆和道路的理性使用；通过积极发展公共交通体系、智能交通系统和城市科学布局等外延支撑性对策解决城市交通拥堵问题。未来我国应当积极借鉴发达国家治理交通拥堵的经验，通过多维度治理促进我国交通拥堵问题进一步改善。

① 拥堵指数来自《2016 年度中国主要城市交通分析报告》《2017 年度中国主要城市交通分析报告》《2018 年度中国主要城市交通分析报告》；该指数越高表示出行延时占出行时间的比例越大，也就越拥堵。

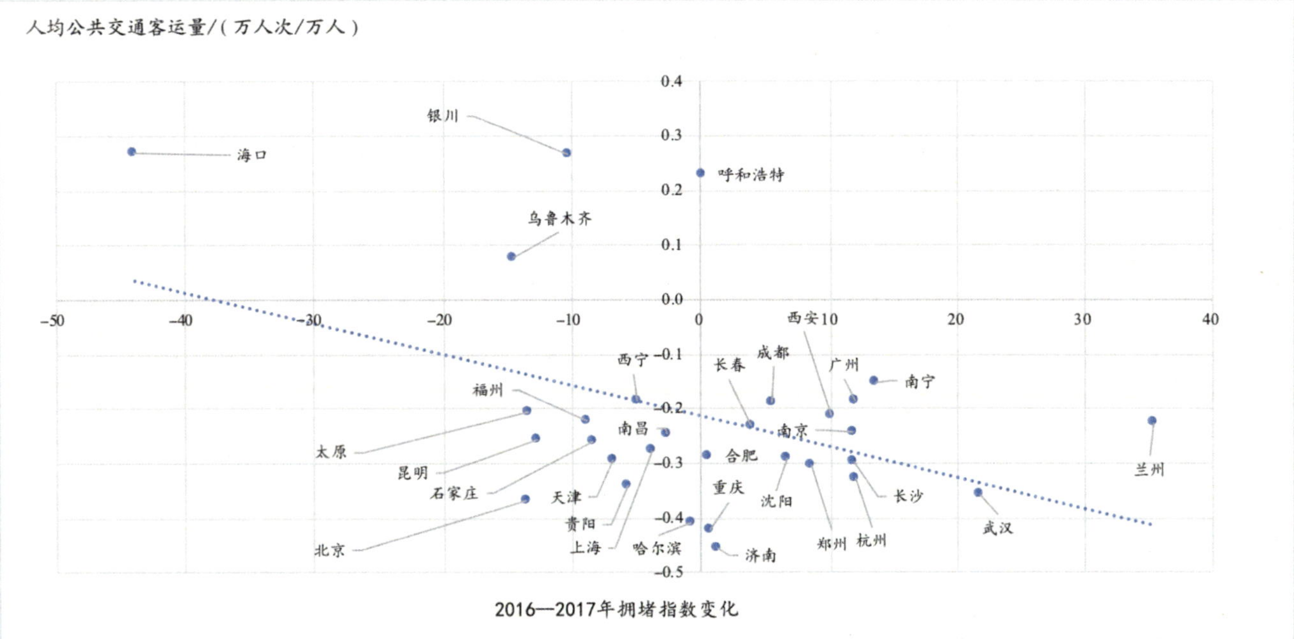

图 7-16　2016—2017 年省会城市人均公共交通客运量变化和拥堵指数变化的关系

近年来，公共基础设施的完善与提升公共交通客运量呈现脱钩趋势。2013—2018 年，人均公共交通客运量和公共基础设施具体变化数值如表 7-7 所示。可以看出，尽管全国人均公共汽电车车辆数、人均公共汽电车运营里程、人均轨道交通车辆数、人均轨道交通运营里程在 2013—2018 年增加较快，但全国公共交通客运量出现缓慢的下降趋势。

表 7-7　2013—2018 年公共交通客运量和公共基础设施数据

公共交通客运量和公共基础设施数据	年份						年均增长 /%
	2013	2014	2015	2016	2017	2018	
人均公共交通客运量 /（万人次 / 万人）	119.8	120.5	116.8	113.6	110.6	109.2	−1.84
人均公共汽电车车辆数 /（辆 / 万人）	6.93	7.01	7.25	7.63	7.94	8.1	3.17
人均公共汽电车运营里程 /（km/ 万人）	10.19	10.85	11.54	12.3	13.05	14.43	7.21
人均轨道交通车辆数 /（辆 / 万人）	0.2	0.23	0.26	0.3	0.35	0.41	15.4
人均轨道交通运营里程 /（km/ 万人）	0.032 8	0.037 4	0.041 2	0.046 7	0.055 9	0.063 7	14.2

（七）交通噪声子指数

交通噪声子指数整体呈下降趋势，与 2013 年相比，2018 年下降约 24%（如图 7-17 所示），制约了绿色交通的整体发展。城市交通噪声的来源除了交通基础设施施工过程中的噪声外，更常见的是运营过程中的机动车噪声，包括喇叭声、与发动机转速有关的声源及与车速有关的声源等。一方面，我国机动车保有量不断增加；另一方面，目前对城市交通噪声的控制力度仍然有限。因此，我国交通噪声呈现日益严重的趋势。

经济发达地区因机动车保有量较多，该子指数表现较差（如表 7-8 所示）。从具体省份来看，2018 年交通噪声子指数排名前 10 名的省份为云南、宁夏、新疆、河南、重庆、河北、陕西、甘肃、江苏及辽宁。交通噪声子指数排名进步最大的省份为河南，从 2013 年的第 20 名上升到 2018 年的第 4 名。

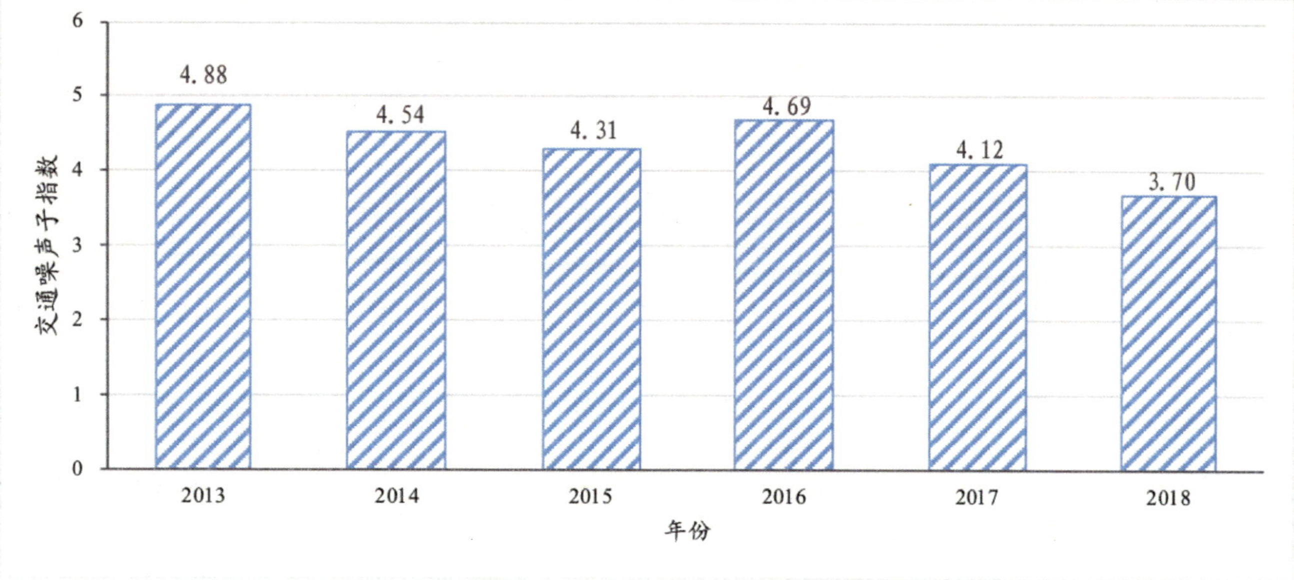

图 7-17 2013—2018 年交通噪声子指数

表 7-8 各省份交通噪声子指数及排名

省份	2013 年	2014 年	2015 年	2016 年	2017 年	2018 年
北京	30.00	30.00	24.37	24.37	24.37	24.37
天津	72.25	75.07	69.44	63.80	69.44	75.07
河北	82.96	84.65	82.39	67.18	78.45	89.72
山西	93.66	72.25	67.75	142.11	74.51	6.90
内蒙古	65.68	76.95	77.89	134.23	84.46	34.70
辽宁	87.75	65.21	70.85	78.36	76.95	75.54
吉林	34.23	24.37	15.92	14.51	15.92	17.32
黑龙江	85.40	67.56	19.67	29.06	5.59	10.28
上海	49.72	10.28	10.28	13.10	7.46	7.46
江苏	86.65	80.39	78.20	65.05	72.25	79.45
浙江	45.77	60.42	66.62	60.42	64.93	69.44
安徽	105.12	76.95	60.99	63.80	47.84	31.88
福建	70.38	67.56	52.54	43.15	34.69	26.24
江西	103.24	108.87	111.69	90.56	63.80	37.04

省份	2013 年	2014 年	2015 年	2016 年	2017 年	2018 年
山东	78.51	67.25	61.61	77.89	64.43	50.97
河南	67.83	98.41	85.94	41.27	78.69	116.12
湖北	67.56	42.21	36.57	82.58	26.24	9.62
湖南	52.54	57.23	45.02	59.11	42.21	25.31
广东	81.64	64.27	68.50	69.91	65.21	60.52
广西	60.28	63.80	70.85	68.03	64.51	60.99
海南	60.99	55.35	52.54	35.63	27.18	18.73
重庆	77.89	100.42	80.70	83.52	97.61	111.69
四川	85.28	57.46	69.44	55.70	55.35	55.00
贵州	87.75	86.34	11.69	52.54	52.54	52.54
云南	100.42	102.30	129.53	125.77	133.29	140.80
陕西	107.93	87.28	101.83	102.30	95.26	88.22
甘肃	69.44	84.93	104.65	156.76	118.73	80.70
青海	32.82	10.28	24.37	13.10	21.55	30.00
宁夏	130.00	120.14	145.49	153.94	144.08	134.23
新疆	118.73	134.23	130.00	137.04	128.59	120.14

机动车数量的急剧增加是城市道路交通噪声污染日益严重的一个重要原因。比较近年来全国机动车保有量数据可以看出，2013—2018 年全国机动车保有量显著增加，从 2013 年的 2.32 亿辆增长到 2018 年的 3.27 亿辆，共增长 0.95 亿辆，增长 41%（如图 7-18 所示）。

城市交通噪声控制措施有待完善。目前，部分地区已经意识到交通噪声污染问题的严重性，并通过法律等措施努力解决机动车噪声污染问题。如上海从 2018 年 12 月 1 日起正式施行《关于进一步加强机动车噪声污染治理工作的通告》，对机动车污染作出了更加严格的规定[①]。北京、上海、重庆、天津等城市安装了“机动车违法鸣笛”电子警察系统，同时完成了多条道路及轨道线路的声屏障建设。但是对于大多数地区，城市交通噪声控制措施有限或者缺乏效果。例如多个地区存在摩托车噪声污染严重的问题，但是针对噪声超标摩托车的

① 根据《关于进一步加强机动车噪声污染治理工作的通告》，2018 年 12 月 1 日起，上海全天禁止噪声超过 80 dB 的九座以下客车在本市道路（高速公路除外）行驶；每天 21 时至次日 7 时禁止噪声超过 80 dB 的摩托车在本市道路行驶。驾驶超过噪声分贝的机动车在道路通行的，由公安机关根据《中华人民共和国道路交通安全法》等规定，处 200 元罚款，记 3 分。擅自加装涡轮、改动排气管及消音装置等的，由公安机关根据《机动车登记规定》有关规定，处 500 元罚款，并责令恢复机动车原状。市民可通过相关方式投诉机动车噪声污染。

处罚却存在着权责不清的问题。《中华人民共和国环境噪声污染防治法》及多地方环境噪声污染防治条例等法律法规中均规定机动车噪声由公安机关处罚，但具体是由交警还是由治安警察实施，并未给出明确解释。针对此问题，需要法律法规制定明确规定、多部门联合执法，以解决道路交通噪声违法问题。

未来，除了进一步加强道路交通噪声污染监管外，同时需要通过合理规划进行提前预防，并结合采取声屏障、隔声窗、降噪路面，建设生态隔离带，设立禁鸣区、限速区，合理分配各交通干道的车流量、车吨位等措施减轻交通运输噪声影响。

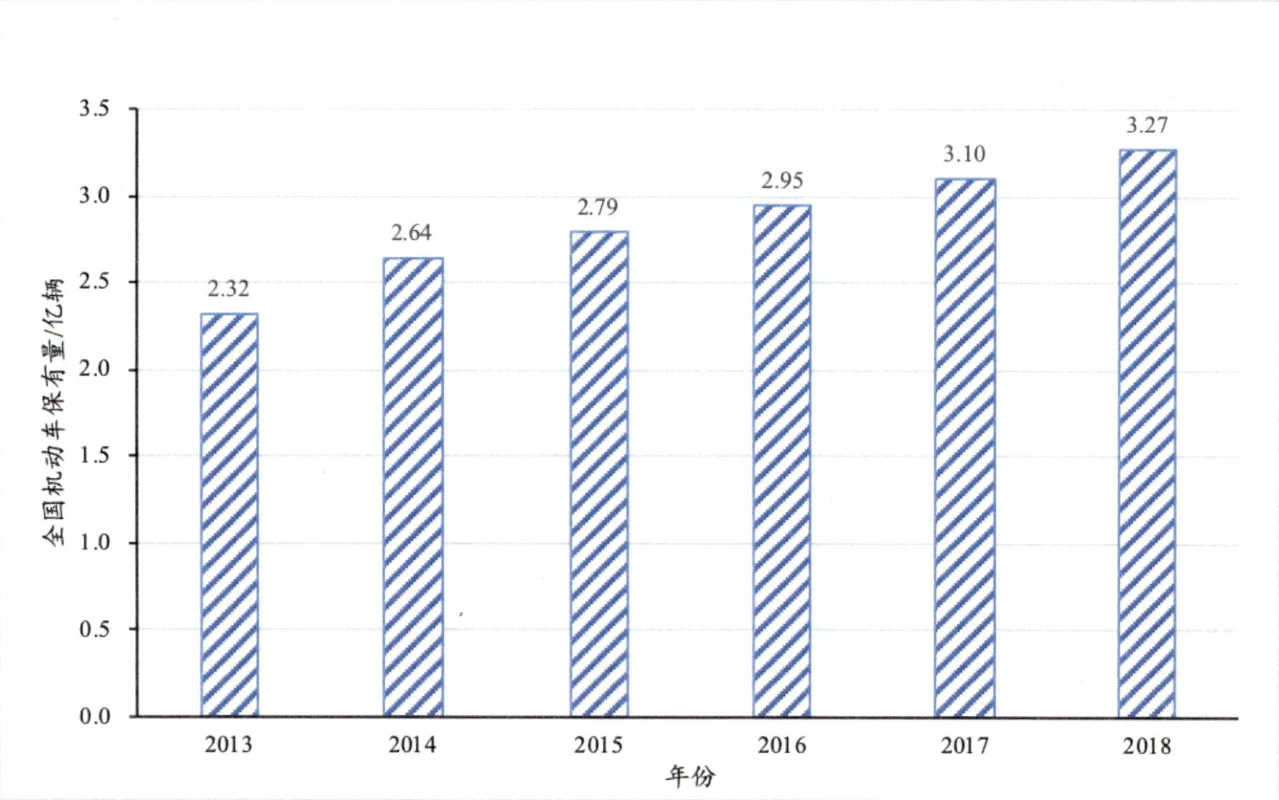

图 7-18　2013—2018 年全国机动车保有量

第八章　主要结论

（1）绿色交通尽管发展多年，但在理论和实践中均未形成统一清晰的定义。本书通过总结绿色交通的发展历程和特点，根据文献和国家政策的重点，提出了绿色交通的定义。具体而言，绿色交通是在高效保障人和货物通行的基础上，减少对环境和生态系统的短期和长期影响，以最小的资源消耗，满足人民群众日益增长的优美生态环境需求的交通系统。

（2）本书构建了绿色交通发展的指标评价体系，在确定权重时，综合采用主观赋值法和熵值法两种方法，从主观和客观两个维度更加科学地确定权重，对2013—2018年全国及各省份的绿色交通发展情况进行了评价。

（3）我国绿色交通发展的整体水平不断提升，2018年全国绿色交通发展指数为81.6，相比2013年的74.7提高了9.2%。

（4）各省份的绿色交通发展呈现出较大不均衡性，东部省份绿色交通发展水平整体优于中西部省份。本书依据各省份特点，分为优势型省份、发展型省份、稳定型省份、衰退型省份四种不同类型。

（5）绿色交通在不同子领域的发展差异也较大。污染治理、温室气体控制、能源消耗、土地利用和缓解拥堵领域均有不同程度的提升，而生态环境和交通噪声领域呈现出下降趋势。

①污染治理子指数从2013年到2018年提升了约26%，是进步最快的领域，其中发达地区机动车污染物治理水平较高。

② 2018年温室气体控制子指数较2013年提升了10.2%；东部地区在控制温室气体排放方面有相对明显的优势。

③能源消耗子指数呈现出先下降后提升的波动发展趋势，从2013年到2018年提升了1.2%，运输结构调整对控制能源消费起到了一定的推动作用。

④全国交通运输土地利用水平不断提升，2018年较2013年提升了24.5%，相对发达地区的土地利用效率较好。

⑤近年来，交通对生态环境的影响总体保持相对稳定、略有下降；2013—2018年，生态环境子指数降低1.5%。

⑥ 2013—2018年，全国缓解拥堵子指数提升了8.3%；各地缓解拥堵水平呈现差异性发展，发达地区缓解拥堵水平整体较好；同时近年来的趋势显示，公共基础设施的完善与提升公共交通客运量呈现脱钩趋势。

⑦ 2018年交通噪声子指数相比于2013年下降了约24%，交通噪声领域是所有子领域中降幅最大的领域。由于机动车保有量不断增加，以及目前对城市交通噪声的控制力度仍然有限，交通噪声污染更加严重，制约了绿色交通的整体发展。

参考文献

丁卫东，刘明，杜胜，2003. 交通方式与城市绿色交通 [J]. 武汉科技大学学报（自然科学版），(1):50-53.

付丽，杨顺顺，赵越，等，2011. 基于绿色交通理念的城市交通可持续发展策略 [J]. 中国人口•资源与环境，21(3):367-370.

高敏雪，盛剑，2012. 基于政府行政管理职能构建统计体系的基本思路与方法 [J]. 统计研究，29(2): 3-9.

何玉宏，2009. 城市绿色交通论 [D]. 南京：南京林业大学 .

黄玖菊，李永玲，2012. 我国绿色交通研究综述 [J]. 福建建筑，(9):56-60.

蒋育红，过秀成，2009. 基于绿色交通理念的城市交通发展策略 [J]. 合肥工业大学学报（自然科学版），32(7):1086-1090.

李佩瑾，张军，2019. 绿色交通理念下的新型城市交通规划探索 [J]. 科技与创新，(15):96-97,100.

刘冬飞，2003. "绿色交通"：一种可持续发展的交通理念 [J]. 现代城市研究，(1):60-63.

陆化普，2009. 城市绿色交通的实现途径 [J]. 城市交通，7(6):23-27.

陆化普，2011. 绿色交通：我国城市交通可持续发展的方向 [J]. 综合运输，(2):13-17,25.

罗巧灵，Martineau D,2010, 美国交通政策"绿色"转型、实践及其启示 [J]. 规划师，26(9):5-10.

May A,2009. 欧洲绿色交通发展经验 [J]. 蒋中铭，译 . 城市交通，7(6):17-22.

潘海啸，2010. 中国城市绿色交通——改善交通拥挤的根本性策略 [J]. 现代城市研究，25(1):7-10.

齐红梅，2019. 对我国公路运输经济绿色发展的思考 [J]. 现代营销（经营版），(9):33.

沈添财，2001. 绿色交通的思维与空气品质的改善 [J]. 城市交通，(2):1.

王富喜，毛爱华，李赫龙，等，2013. 基于熵值法的山东省城镇化质量测度及空间差异分析 [J]. 地理科学，33(11): 1323-1329.

王建清，2004. 以人为本，建设城市绿色交通体系 [J]. 中国建设信息，(1):39-42.

王静霞，2011. 加强城市交通规划研究与实践　推动城市交通发展模式转变 [J]. 城市交通，(1): 1-5.

王昭娜，郭芳华，2017. 基于绿色交通理念的杭州市慢行交通系统规划研究 [J]. 居业，(9): 53,55.

王珍珍，2012. 城市绿色交通评价指标及方法研究 [D]. 北京：北京交通大学 .

徐峰，2019. 基于绿色交通理念的交通运输规划探讨 [J]. 黑龙江交通科技，42(8):205，207.

许添本，2003. 人本交通与绿色交通的发展理念 [J]. 都市交通，18(3): 41-52.

许云飞，金小平，曹更永，2013. 现代化和交通现代化研究 [J]. 理论与现代化，(3): 16-23.

杨晓光，白玉，严海，等，2009. 城市绿色交通发展研究 [J]. 建设科技，(17): 34-37.

殷广涛，黎晴，2009. 绿色交通系统规划实践——以中新天津生态城为例 [J]. 城市交通，(4):58-65.

袁韵，徐戈，陈晓红，等,2020. 城市交通拥堵与空气污染的交互影响机制研究——基于滴滴出行的大数据分析 [J]. 管理科学学报，23(2):54-73.

朱双吉，2016. 基于效率评判的港口岸线使用管理制度设计 [J]. 综合运输 ,(10):46-49.

Bradshaw C,1992. The Green Transportation Hierarchy[C]. Ottawa:Ottawalk and the Transportation Working Committee of the Ottawa-Carleton Round-table on the Environment.

Litman T,2018. Rural multimodal planning：why and how to improve travel options in small towns and rural communities[R].

Findlay C S, Bourdages J, 2000. Response time of wetland biodiversity to road construction on adjacent lands[J]. Conservation Biology, 14: 86-94.

Mead I,2017. International Energy Outlook 2017[J]. US Energy Information Administration .